平成初期生まれは人間関係がしんどい

ラジオクリエイター
ゆとりフリーター

はじめに

どうも、ゆとりフリーターです。
普段はポッドキャスト、いわゆるネットラジオの番組
「ゆとりは笑ってバズりたい」を一人喋りでやっています。

この本は、私、ゆとりフリーターが遭遇した
様々なタイプの「しんどい人間関係」を、
そのエピソードと共に、ぬるく哲学していく内容となっています。

〝ぬるく哲学していく〟と言っても、
実際には、ふとしたときに気になったあれこれについて、
色々な方向から考えているだけなので、

堅苦しく感じず、楽しんで読んでいただけたらと思っています。

元々は私とリスナーとの間で
「この前話したあの人がさ〜」
とひっそりと話していたようなことを、ＷＥＢ連載を経て、
こうして本としてお届けできるのは、私自身、感慨深いものがあります。

音声では勢い任せになってしまうことも多く、
「本当はこういう感じで言いたかったんだけど、
ちょっとニュアンス変わっちゃったな〜」
と反省することもあるのですが、いざ文字で書いてみると、
伝えたいことに軸足を置いて向き合えるなと感じました。

WEB連載「ゆとりフリーターのぬるい哲学」から加筆・修正し、
さらに新たな〝ぬるい哲学〟を加えたことで、
WEBで楽しんでいただいたときとはまた違った、
全く新しい内容のものになったのではないかと思っています。
その分、しんどい自分とも向き合わざるを得なくなったのですが……。
その話はぜひ、本編をお楽しみいただければと思います。

もしかすると、今あなたにとっての「なんか引っかかるアノ人」も
この本の中に登場する誰かと近しいものがあるかもしれません。
その共通点を見つけたとき、いつもはしんどいだけの〝アノ人〟が、
いつの間にか本編のキャラクターたちのように感じ、
最終的には「みんな違って、みんな草！」と
笑い飛ばせるようになればいいなと思いを込めて書き綴(つづ)りました。

私の声を知ってくれている人は私の声で、
知らない人は想像で脳内再生して
「読む」と「聞く」の間を体験していただけたら嬉しいです。

それでは、ゆとりフリーターの雑談の世界へようこそ！

はじめに 2

1章 ムカッとする人間関係

休日に用も無くバイト先に顔出すヤツ 12
悪口の伝書鳩するヤツ 22
仕事ができると勘違いしているイキリーマン 34
図々しいお願いをしてくる友情デストロイヤー 46
態度が悪すぎるDQN系アルバイター 58
いついかなるときも愚痴ばかり話すヤツ 68
COLUMN 1 ポッドキャストについて 78

2章 モヤッとする人間関係

82 隙あらば自分語りするヤツ
92 独特なノリで話しかけてくるヤツ
100 独り言がデカすぎるボヤきインフルエンサー
110 ワンチャンで面倒なお願いしてくるヤツ
122 クソデカ主語で話すヤツ
132 COLUMN 2 ゲーム脳な私

3章 グルグルする人間関係

136 古参に怯えるにわかファン
146 なんでも真面目に受け取っちゃうヤツ
158 グイグイ話しかけてくる店員
168 カバンの上にソッとお菓子を置く先輩
176 ネット恋愛に潜むハニートラッパー
188 COLUMN3 私の父〝えっちゃん〟

4章 1周まわって面白い人間関係

なんだか憎めない楽観主義すぎるヤツ 192
肝が据わりすぎなピュアピュアアルバイト 206
なぜかエレベーターガールの位置にいる人 218
タックルしながら話しかけてくるヤツ 230
定職につかない自称飽き性のヤツ 240

おわりに 252

1章

ムカッとする人間関係

ゆとり世代がよく聞くムカッとゼリフと言えば、「これだからゆとりは!」ではないだろうか。大人が作ったゆとり教育にただ従ってきた私たちからすれば、あまりにも理不尽すぎるこの嘆きは、時として同年代に向けて自分自身でも使っていることがある。

ムカッとしたことを「○○だから仕方ない」と諦めてしまうことは簡単だが、深く掘り下げて哲学していけば、自分の心と見つめ合い、人間関係を解決できるヒントになるかもしれない。

「今日、俺いなくて大変じゃない？」

しんどいレベル 30

休日に用も無く
バイト先に顔出すヤツ

スキル **巡回マウンティング**

休日であるにもかかわらず、バイト先にやってくる暇人。
ご丁寧にお客さんが少ない時間帯を狙ってやってくることが多い。
働いているスタッフには迷惑がられているが、全く気づいていない。

command

▶ 相手にしない
▶ 愛想笑いでやり過ごす

attack

時間ロス	1500
精神ダメージ	800

休日に用も無くバイト先に顔を出しに来るヤツに遭遇したことはあるだろうか？

フリーター歴もうすぐ10年の私は、その状況に幾度となくエンカウントしたことがある。そしてその度に思うのだ。

マジで何しに来たの？

用も無くやって来たというのがポイントだ。

バイト先に買い物に来たわけでも無く、勤務中のスタッフとただ喋りにだけ来る人は一体どんな心理状況なのだろうか？

急遽（きゅうきょ）、店長に呼ばれて来た、シフトを出しに来たなどならよくあることとしてスルーできるのだが、この手のタイプはなぜか大体、店長や社員がいない日を狙ってやって来る。

〝今日のシフトメンバーなら俺が一番先輩だ〟とでも判断したかのように。なんか嫌だな、と思わず煙たがってしまう気持ちが分かるだろうか。

そして、颯爽と現れたその暇人は、

皆さんお待ちかね、俺です。

と言わんばかりの自信顔で「**俺いないけど、ちゃんと店回ってる?**」などと今にも声をかけてきそうな佇まいなのだ。

ただ、誤解をしてほしくないのは、休みの日にバイト先に遊びに来ること自体を非難したいわけではない。むしろ、そこまでバイト先に愛着を持てることは少し羨ましい。

捻(ひね)くれた性格の私なら、

何しに来たの?　今忙しいんだけど。

あ、意外と私服そういう感じなんだ(笑)。

暇ならシフト入ってよ!

なんて、バイト仲間に思われるんじゃないかとドギマギしてしまう。

だからこそ、周りの目を気にすることなくやってのけるその言動がやたら目にとまり、**一体どういう心理なの?**　と気になってしまうのかもしれない。

マウントフリーター：クロブチ

ここで、私が遭遇した「休日に用も無くバイト先に顔出すヤツ代表」クロブチ（黒縁メガネ装着のため）を紹介しよう。20代前半の頃、私は焼鳥店でアルバイトをしていた。クロブチは2つ年上の男性で、私が入った1ヶ月ほど後にアルバイトとして入社してきた。

第一印象は〝大人しそう〟で、着ていた服の印象から率直に〝地元の中学にいそう〟とも思った。黒地のTシャツに入った、ラメがかかった青色の筆記体ロゴが、家庭科の授業で多くの男子が使っていた〝ドラゴンのイラストが入った裁縫セット〟を彷彿させたからかもしれない。やたら笑い声がデカかったことも印象に残っている。

そんな彼は、週5フルタイム勤務で働き、短時間勤務の私をあっという間に飛び越えてバイトリーダーに就任。社員や先輩スタッフと仲良くなるスピードも早かったのだが、度々**〝先輩スタッフのプライベートを知っているアピール〟**をしてくるようにもなった。

先輩スタッフに「お前さぁ〜（笑）」とフランクにお前呼ばわりされてニコニコな様子のクロブチ。嬉しくて仕方がないのだろう。そして、クロブチは「休日に用も無くバイト先に顔出すヤツ」に進化を遂げたのだ。

怒涛のランチタイムが終わった15時あたり。お客さんの入りもまばらなこの時間帯は、料理の仕込み時間になる。絶好の雑談タイムだと思ったのだろう。クロブチは大体この時間にやってきては、ドカッとカウンターに座り「今日忙しかった？」「俺ももっと休みてぇ（今日が久しぶりの休みだから）」と愚痴を垂れてくる。

えっ、何しに来たん？

毎回、社員がいない日を狙ってやって来るところが、後輩スタッフたちに対するマウントのように思えてならない。だが、私が穿った見方をしているだけで、ただ単に「**愚痴を誰かに聞いてもらいたい**」「**クロブチにとって焼鳥店は居心地の良い場所**」ということもある。であるなら、取り立てて言うほどのことでもないと思っていた。

売り上げ金 紛失事件

ある日、店長が眉をひそめてこう言ってきた。

「最近、レジ締めのとき、2万円足りない日があるんだよね」

有人レジの金額に差異が出てしまうことは、お釣りの渡し間違いなどでよくあることである。しかし2万円の差異はデカい。私の働いていたお店はセキュリティが甘いところも多く、監視カメラもないため、隙を狙って盗まれた可能性もある。だが、店長曰く、どうやらあのクロブチが出勤した日にだけ万単位で差異が出るとのこと。絶対とは言い切れないが、ホシ*は大方ヤツに絞れているという口ぶりの店長。そこで、クロブチには内緒で、一定時間ごとのレジ点検（データ上の金額と実際にレジにある金額に差異が出ていないかの点検作業）と監視カメラの設置が決まった。

レジ点検・監視カメラを導入して2週間後。盗みが習慣化されていたのか、レジ点検で差異が出たタイミングとその度に監視カメラに映っていた人物があっさり特定された。

やはりクロブチだった。

でしょうね！ と思ったことだろうが、驚いたのはその盗んだ2万円の使い道だ。なんと、クロブチはレジからお金を盗んだその日に必ずとある社員にプリペイドカードをプレゼント（……いや、献上？）していたのだ。

その社員とクロブチがどういう関係性なのかは分からないが、傍(はた)から見ている限りでは仲の良い先輩後輩のようだった。社員がクロブチをパシリとして扱っていたのか、それともクロブチが気に入られたくて自発的に行動していたのか、真実は定かではない。その後、店長が直接注意をするとクロブチは翌日から出社しなくなり、音信不通に。プリペイドカードを受け取っていた社員も別店舗へ飛ばされたのだった。

（＊）ホシ……刑事が犯人を指す際に使う用語。また、同様に「クロ」も犯人を指す用語である。クロボシの犯人はクロブチだったという出来すぎた偶然である。

得られるもの・失うもの

クロブチはかなり特殊な例だったかもしれないが、なぜそうなってしまったのかを突き詰めていくと他人事ではないとも思う。顔を出しに『行く・行かない』の行動において、人は無意識に『得られるもの・失うもの』を取捨選択しているのではないだろうか。

行く派の彼らは、バイト先に顔を出しに行くことで得られるメリットを知っている。例えば、プライベートでも仲良くしておくことで仕事がスムーズになるなどだ。自己顕示欲を満たすためという一面もあるだろう。つまり、自分の心の余裕や、人間関係などで得られるものを求めての行動と言えるだろう。

行かない派の私は、職場の人と仕事モードの自分で接していることもあり、プライベートのときにそのモードに切り替えるのはカロリーが高いと感じている。精神的体力を削られないようにしているのだ。

休日に用も無くバイト先に顔出すヤツが分からないと言っているこちらは、一方で「**そんな風に思っているねじ曲がったヤツ**」でもあるかもしれないのだ。

価値基準が違う以上、お互いに突拍子もないことをしている可能性だってある。それなら、進んで目をつぶり合うしかないのだろう。もちろん、人に迷惑をかけてはいけないのが大前提ではあるが、いっそのこと、目をつぶれないほど気になってしまうときは、**自分の視野が固定されていないかを確認するサイン**だと思うのもいいかもしれない。自分自身に余裕があれば、目をつぶることも容易くなると思うのだ。

また、あえて交流をしてみるのも良いかもしれない。

「何で来たの?」と鼻でもほじりながら聞いてみることで〝休日にバイト先に来る理由〟が明らかになるかもしれないし、そもそも理由なんて無いことが分かるかもしれない。もしかすると、相手の知らなかった一面を知り、友好的になる可能性だってある。バイト先の様子が気になって仕方がないといった、責任感の強さから来訪しているのであれば、「立派だな」と見直すことにつながるだろう。

まあそれも、人によっては「仕事依存おつ（笑）」とやはり分かり合えないという結果になるかもしれないが……。こちらの感じ方も、そういった交流を重ねていくたびに自在に変化していくものではないだろうか。

それに、もし特に理由なく来ているのであれば、ダルい質問をすることは、相手に己を振り返させる一番の有効な手となるのかもしれない。そんな思考を巡らせている私自身はというと、行動を起こすことなくただ机に向かって文章を書いているだけなので、これは全て机上の空論なのである。

☆彼らにとっては「用がある」ことを受け入れる。
☆他人の本能に口出し無用。お互い目をつぶり合おう（迷惑をかけない範囲で）。
☆勇気をもってそれとなく「何で来たの？」と聞いてみる。

「あんたのこと〇〇〇って言ってたよ」

しんどいレベル **15**

悪口の伝書鳩するヤツ

スキル　悪口の速達便

別の人が言っていた「自分に対する悪口」をこっそり伝達してくる。善意か悪意かは不明であり、ネットにもリアルにも生息している。炎上の背景に伝書鳩あり……。

command

▶ 拒否する(嫌だと伝える)
▶ 伝書鳩から逃げる

attack

二次被害	3200
精神ダメージ	1600

誰かが自分の悪口を言っていたとして、それを知りたい人はいるのだろうか。ましてや、わざわざそれを教えてくるヤツは一体私に何を求めているのだろうと思うことがある。

「あの人が陰でこんなことを言っていたよ」と、自分が聞いた（知っている）情報をお知らせしてくる人をネット界隈では〝伝書鳩〟*と比喩するらしい。もちろん、このお知らせには悪口以外も含まれるそうだが、総じてあまり良い印象を持たれていない。

私が初めて出会った「伝書鳩」も然(しか)りだ。

10年以上前のことではあるが、今もなお、苦い思い出として記憶に残り続けている。

それは中学生の頃。当時の私には気になっていたクラスメイトの男の子がおり、誰に打ち明けることも無く、心ひそかに意識をしていた。

そんなある日、忘れもしない放課後の部活動の時間、練習のため空き教室へ移動していたとき、同じ部活の友達に、

「○○くんがゆとりのこと、最近調子乗ってるって言ってたよ！」

と唐突に耳打ちされたのだ。

ちょ、調子に乗っている……!?

途端に心拍数が上がり、まともな思考もままならない中、若干の心当たりとして思い出したのは、その男の子のいるグループの会話にツッコんだ記憶。

きっとあれだ……っ。

恥ずかしい！　終わった!!

恥ずかしさと失恋のショックを同時に抱えた私は、せめてその男の子に好意を寄せていることが友達に悟られないよう、ギリギリの平静を装い「そ、そうなんだ～」と返事をすることでその場をしのいだのだった。

当時14歳、思春期真っ盛りの時期には酷な出来事。

心の整理をつけるのにも、時間を要した記憶がある。

しかし、ふと、ある疑念が湧いたのだ。

なぜわざわざ言ってきたのだろう？

私の気持ちを知らなかったにしろ、陰で何かを言われていたとしても、そんなこと知らないままでいたかった。その情報はダメージでしかない。ということは、これは攻撃？

いやしかし、彼女は曇りなき目で私を見ていたのだ。

なぜ、この「鳩行為」はネットでもリアルでも起こってしまうのか。

そして、伝書鳩に遭遇した場合、どう対処すればよいのだろうか。

（＊）伝書鳩……ネットスラングの「伝書鳩」とは、主にライブ配信などで、配信者とは関係のない別の配信者の発言や行動などの情報を視聴者がコメントする行為のこと。この行為そのものを「鳩行為」、そのコメントをする人を「伝書鳩」「鳩」と呼ぶことがある。

CASE 1　同窓会開いてたらしいよ

まず、私が遭遇してきた鳩行為のパターンからその心理を追究していこうと思う。

社会人になって数年が経った20代前半の頃、とある連絡があった。それは懐かしい学生時代の友人である、はと子（仮名）からで、「最近何してるの？」など近況を伝え合う他愛のないメッセージのやり取りが続いた。

こういうなんてことない雑談が嬉しいよね～と思った矢先、

「なんか同窓会、開いてたらしいよ」

という不穏な一言と共に、見覚えのある同級生たちが集合している写真のスクリーンショット付きで送られてきたのだ。

なんかそれ、知りたくなかったわ！

付き合いの悪い私は万が一誘われたとしてもきっと行かなかっただろう。

しかし、参加しなかったとしても、開かれていた事実は知らないままでいたかったと率直に感じた。

そして再び湧き上がるこの感情。

なぜ私にその情報を伝書鳩した!?

はと子も同窓会には参加していなかった様子から、誘われなかった悲しみ・怒り・虚しさなどの共感を求めたのかな、と考えることができる。

同窓会に誘われなかったということが、はと子に孤独を感じさせ、その結果、孤独を和らげる方法を求めていたのかもしれない。

とはいえ、わざわざ送られたスクリーンショットから感じ取れる執念が少し怖く、私はそれからしばらく、はと子との連絡を控えるようになった。

CASE2　入りたての新人に店長の闇を伝える先輩

あるバイト先で新人の頃、バイトリーダーのはと美さん（仮名）から突然、本社で働く新卒の社員が次々に辞めているらしい、という話を聞かされたことがある。どうやら、はと美さん自身も店長からその話を聞いたようなのだが、ことさら強調して、「店長が『最近の若い奴は根性がない。最低でも3年は〝普通〟働くよなあ！』と怒っていた!!」と、そんなことを言う人だったなんて信じられないという口ぶりで話した。確かに、このご時世〝**普通**〟を他人に押し付ける人って……と憤りを覚える気持ちは分かる。私は入りたてで店長のことをまだあまり知らなかったこともあり、自分が今後も働いていきたいと思っている職場のトップが実はそういうタイプなんだと思うと、不安が募(つの)っていた。

しかしお気づきの通り、ここまで全て「はと美さんのフィルター」を通して聞いた、〝**らしい**〟話なのだ。本当かどうかは分からない。それでも、語る様子を見ると、少なくともはと美さんからはそういう風に見えているのだろう。

もともとは雑談の延長だったはずが、いつの間にか店長には目を付けられないようにした方が良い、という注意喚起のニュアンスに話が切り替わっていた。私はその日を境に、店長と接する度に発言に気を付けてそつなくこなそうと緊張感が走るようになったのだ。

なぜ私にそれを伝書鳩し……、いや、これは助けられたのか？

この場合、CASE1とは違って二つの側面が考えられる。一つはCASE1と同様に、先輩は共感してもらえる味方を作りたかった。もう一つは、新人バイトの私が揉めごとに巻き込まれないように先回りして忠告した、という一面だ。知らされないままの方が気が楽だったかもしれない。しかし、知らされないことで、いつか店長の地雷を踏んでしまったかもしれない。そう考えると、「伝書鳩」が必ずしも悪いことだとも言い切れない。

伝書鳩は味方のフリをした敵？

ここで学生時代の「私、調子に乗ってる事件」について深く考えてみたいと思う。

私は友達に、気になっている男の子が私のことを調子に乗っていると言っていたと伝えられ、その場でショックであると表現できなかった。唐突に告げられたというのも大いにあるが、少なくとも友達は、〝**良かれと思って言っている**〟と感じたからだ。

この情報をあなたに教える私は味方ですよ、と表明したいのか。それとも「陰口は明るみに出して成敗してやらなくてはいけない」という個人的な正義感からか。まぁもちろん、単なるうわさ好きの場合も。

どちらにせよ、私が嫌な気持ちになるとは微塵も思わないそのデリカシーの無さにも怒りに似た感情を覚えたのだと思う。伝書鳩が悪意を持っているいないにかかわらず、やはりネガティブな情報を「**伝えてくれてありがとう**」となるケースは少ないだろう。

悪口の伝書鳩、どう対応する？

伝書鳩がどんな目的だとしても、理想的な対処法は、やはり「ゴメン。そういうことは知りたくない」と**自分の意思をはっきり伝える**のが一番だろう。うやむやにコミュニケーションをつないでしまうことにより、相手に「この話題を許容してくれる人」だと勘違いをされかねない。それに、伝書鳩が悪気なくそうしている場合は気づかせてあげられる良い機会にもなる。

しかし、「拒否する」というのはとても勇気が要る行動だ。結局、その場は愛想笑いで切り抜け、心の中で相手をジャッジし、少しずつ接点を減らしていく方が楽だと思う。

それに、これからの付き合いを短く浅く終わらせるか長く深く続けるかでも、伝書鳩への対応は変わってくる。前者の対処法の方はさばさばしていて気持ちが良いが、後者の方が〝**表面上の付き合い**〟**を保つことができる**と思う。

共通で言えることは、こういう人は必ずどこかに生息しているものだと割り切り、遭遇した際には、

これ進○ゼミでやったところだ！

といった、まるでテンプレを見ているかのように思うのが、ちょうどいい距離の置き方ではないだろうか。そして、何より大事なのは、伝書鳩が知らせてきたその内容、「陰口を言われた」場合の気持ちの整理の仕方である。

そもそも、陰口というのは、『共感してくれる仲間探し中』であると私は考えている。〝**自分が少数意見だと感じている**〟からこそ陰で言い、同じ仲間を探したい・増やしたいのではないかと思うからだ（その少数意見をスパイのように告げ口するのが伝書鳩というわけだ）。「言っていた」ことは事実かもしれない、しかしその言っていた「こと」（私の場合「調子に乗っている」こと）に対して、過剰に憶病になる必要はない。

あまりにも目に余ることを自分がしていたのであれば、〝**陰口**〟ではなく〝**注意**〟をさ

れるのが道理である。つまり基本的には直接言われてから気をつければ良いと思うのだ。

人から聞いた陰口への心の動揺は激しい。たった一人が言い出した陰口が枝葉のように広がり、やがて見えない大人数が陰口を言っているのでは？　と底知れぬ規模に感じて不安を煽る。

しかし、忘れてはいけない。陰口はもともと一人が言い出した「**個人の感想**」なのだ。人間である以上うわさは絶えないが、どうせ広まってしまうのであれば誰かがひっそり言っていた誰かへの賞賛や褒め言葉、教えられて相手が喜ぶようなポジティブなことを伝書鳩したい。

☆**「そういうことは知りたくない」と自分の意思をはっきり伝える。**

☆**「これがうわさの伝書鳩か！」と行為をテンプレと見ることで距離を置く。**

☆**陰口を言われたことを気にしすぎない。**

キーボードでタイピング演奏

しんどいレベル 32

仕事ができると勘違いしているイキリーマン

スキル ッターン!!

すさまじい勢いでエンターキーを叩くなど所作にクセがある。寝てないアピールをよくする。仕事はそこそこできることが多い。会話では上から目線で知ったかぶる傾向にある。

command

- ▶関わらない
- ▶生態を観察する
- ▶逃げる

attack

相槌の面倒くささ	1100
キーボードへのダメージ	800

ビートを刻んでいるかのようなリズミカルなタイピング音で「**ツターン!!**」とエンターキーを押す人を見たことはあるだろうか？

手首のスナップとクールな表情、時に新入りをロックオンし、

「どう、仕事慣れた？」

と話しかける様は一見世話好きだが、蓋を開ければ仕事をサボってお喋りしてるだけの人なんてことも。実際に仕事〝**は**〟できる人が多いからこそ、ありがたいとは思いつつもどうしても気になってしまう。その仕草や発言から、

〝仕事できる俺、カッケし感〟

が漂っていることが。スマートなようでスマートじゃない、ちぐはぐ感。
アピールしない方がむしろカッコいいのに、あえて誇張してくるのはなぜだろうか？
私は、ついこの間までそんな人のことをイキってて可愛いと思ってい〝**た**〟。

イキリマウント炸裂社員

私が以前働いていたバイト先では地域社員制度が導入されていた。

地域社員は会社によって定められた地域のチェーン店を転々とし、助っ人要員としてシフトが組まれているのが特徴の一つ。その地域社員の方、通称服部さん（仮名）が例の如くイキリワーカーだったのだ。

服部さんは『入社2年目、期待のホープ』という肩書きに恥じず、メキメキと働いてくれていた。

「ありしゃっしゃっせ！」

と次々お客さんを捌（さば）いていく姿は、助っ人としてこれ以上頼もしいことはない。

お客さんが落ち着いた頃合いを見計らって「今日は急遽来てくださりありがとうございい

ます」とお礼を言うと、

「いやいやこの間もあっちの店舗行って次の日はこっちでもう馬車馬のように働いてて全然寝れてないんスよねハハハ！」

と早口で回答。

一息で寝れてないアピールまで!?

お前は地獄のミ○ワか!?

それからというもの、私は服部さんの一挙手一投足に釘付けになってしまった。

「ハイハイハイ、ここはそんな感じなんスね！　……わっかりましたぁ〜」

「あぁ、それダメっすよ。この店舗だけっす。そんなことしてるの」

「ここの店長さん、全部一人でやろうとするからなぁ〜！」

言い方が癪（しゃく）に障るのはおいといて、いつもそこはかとなく嬉しそうな表情であり、店長相手にまで上から目線な発言をしているのが、さすがである。

服部さんはまさしくイキっていた。

「**あいつイキってるよな〜**」と言われるのは大体が悪口だが、当時の私は、服部さんに限っては、そのイキっている言動が、不思議と面白くてたまらなかったのだ。

誰もが保身のために忖度(そんたく)し合う社会で、我を貫く姿が灯火のように見えていたのかもしれない(いや、やっぱり単純に面白がっていただけかもしれない)。

とにかく私は、服部さんのイキリをもっと見たくなっていった。

もっと服部さんと同じシフトに入りたい!

なんならずっとうちのお店に来てくれれば良いのに!!

当時、自分のポッドキャストでそんな風に話すほど、気になる存在となっていたのだ。

そう、あんなことになるまでは……。

ここまで来ると可愛くないイキリモンスター

ある日、服部さんが私たちの店舗の店長へと昇格が決まった!

あんなに働くのが好きそうな服部さんが、昇格。さぞやる気満々なのだろうと思い、次はどんなイキ可愛いを見せてくれるのか、私はやや不純な気持ちで赴任を心待ちにしていた。しかし、いざ店長に昇進した彼は、私の想像を超えたイキリモンスターへと変貌を遂げていたのだ。

店長就任のその日、服部さんは遅刻してきた。

一般の会社には重役出勤というものがあると聞くが、シフト制の仕事の場合は、そんなものは(基本的に)ない。遅番のスタッフは、早番のスタッフが定時に上がれるように、引き継ぎの時間を確保するためにも少し早めに来るのが暗黙の了解であった。なんなら前の店長の場合は出勤の30分前には来ていた。

つまり、**連絡のない遅刻自体がありえないこと**なのだ。
20分後、ようやく出勤した服部さんは、小さく、

「っす」

と言いながら、スタッフと目も合わせることなくそそくさと身支度へ。

遅刻した後の第一声で印象は大きく変わるというのに「**っす**」だけ。その後も遅刻に触れることも、就任の改まった挨拶があるわけでもなく、通常業務に取り掛かっていた。

あの服部さんがスカしている……!?

と、バイト仲間にどよめきが走った。きっと張り切ってやってくるだろうと勝手に期待しておいて裏切られたと思うのはこちらもずいぶん勝手な話だが、あんなに働き者な服部さんが、店長に就任して照れくさかったのか気が抜けたのか、挨拶さえないとは一体何があったのだろうか。私の中に不信感が募り始めた。

面倒事もイキりながら回避

そんなある日、お店に1本のクレーム電話があった。感情的になったお客様の要求でよくあるのが「上の人間を出せ！」だ。その日も一介のアルバイトである私では判断ができない事態となったため、店長になった服部さんに連絡を入れた。

状況を説明した上で、「代わりに対応していただけますか？」とお願いをすると、

「いや〜、それ僕が代わってもあんまり変わらなくないですか？」

質問に質問で返された⁉

ここで店長に代わらなかったら火に油を注ぐようなもの。

えっ、なぜ今断られた？　自分が巻き込まれたくないだけじゃない⁉

と、すっかり呆れた私は、じゃあ良いですと答え、本社のお客様相談窓口の担当者の指

示を仰ぐことにした。この間もお怒りのお客様をお待たせしている。一刻も早く解決したい私は大量の汗と対応逃れした服部さんへの怒りがおさまらなかった。

しかし、その窓口では店長の上司にあたる、「**エリアマネージャーに指示を仰いでくれ**」ということに。私は異例のたらい回し状態にトホホと思いながらも、再度服部さんへ「エリアマネージャーに連絡をしても良いか」を確認することに。今となれば、服部さんを介さず、直接連絡を入れれば良かったかもと思うのだが、通常、アルバイトがエリアマネージャーという本社側の人に直接連絡することはあり得ないと思っていたこともあり、当時の私は直属の上司である店長に筋を通すべきと考えたのだ。

するとコロッと態度が変わって、「**であれば、こういう対応をすれば良いので、エリアマネージャーに連絡する必要はないです**」と早口で回答。

さっきまでの時間はなんだったんだというほどの速度だった。

なら初めからそう言ってくれ!!

イキリワーカーの行動原理

さて、私が出会った〝イキリワーカー服部さん〟の行動から、「イキっている人」のメンタル面を考えてみると、**分からない・知らないことが恥ずかしい**ことだと感じているのではないかと思った。

例えばツンデレの人が、好きな気持ちが相手にバレないよう冷たい態度をとるように、イキっている人は、実は知らない・できないことをバレないようにしているのではないだろうか。イキる行動の裏側には周りを威嚇する意図よりも、自分のことばかり考えている人間性があるように思うのだ。だがその性質は、特に人と協力して働くような職場において、さじ加減を見誤ればすぐさま**イキリ＝うざいへと変換される。**

そう考えていくと、イキリを受け止める側としては、面白いと思えていたときの方が精神的ストレスもなく円滑に仕事ができていたように思う。イキリワーカーと付き合っていくためにはあくまでも「当事者」ではなく、「部外者（第三者）」としての距離から関わることが大事なのかもしれない。

部外者として接するための第一歩として、相手のイキリを見たときの気持ちでこちらの疲労度を確認するのはどうだろうか。

例えば、ＹｏｕＴｕｂｅなどの動画配信サービスでも、疲れているときに見る動画、やる気を出したいときに見る動画など、自分の状況に応じて無意識に検索をかけて選択していることだろう。ただ動画を見ているだけの我々部外者には、その動画の構成にまで口を出すことはできない。しかし、いくら好きな動画配信者であっても、見たい気分のときとそうでないときは存在するものだ。そういった取捨選択をするように、自分自身の状況を客観的に見ることができればと思うのだ。ああ今日はこの動画を見る気分じゃないな、ということは疲れているんだなと、ありのままを受け入れるように、イキリワーカーと接してみるのだ。

疲れているときにはイラッとすることも、元気なときだとちょっと笑えるぐらいになる

 こともある。自分の疲れ度メーターとしてイキリワーカーを利用してみると、一歩引いた距離感を保つことができるのではないだろうか。

「今日の自分、2時間しか寝てないんでアイツ見てるのキツイっすわ〜!」

「ハ〜イ、ハイハイ、今日はこういう調子ね!」

と心にリトル服部を宿していきたい所存である。

このバイトを退職してしまった今、服部さんに対して実践することはできない。しかし、今後もしまたイキリワーカーと出会うことがあったのなら、積極的に「部外者」としてその言動を観察していきたいと思う。

☆イキリワーカーのメンタル面を考察し、一歩引いて接する。

→分からないことが恥ずかしいことだと思っているためイキってしまうなど。

☆自分の今日の疲労度を測るメーターとして利用してみる。

「友達なんだしタダでやってよ!」

しんどいレベル

48

図々しいお願いをしてくる友情デストロイヤー

スキル **下心リクエスト**

数年ぶりに連絡してきた友人に多い。久しぶりの連絡が頼みごとというダブルパンチで、利用されている感が増す。
友情崩壊のカウントダウンが始まっている。

command

▶ 受ける
▶ 断る
▶ 逃げる

attack

友情の亀裂	3500
労働ダメージ	2200

突然ですが、クリエイターの皆さん、友達から、

「ちょっと作ってよ（絵描いてよ）」

と軽めにお願いされて困ったことはないだろうか？

その制作が、**自分の生活を支える仕事になっている場合**は特に。

こちらの仕事に理解ある友人であれば問題なく進むかもしれないし、心を許した親友であれば、無償で受ける・断る、どちらの返答をしても今後の関係に支障をきたすことはあまりないだろう。

しかし、親友と呼べるほどではない、しかしただの知り合いと言うには関係性がありすぎる、そんな人から〝**今まで個人に仕事の依頼をしたことが無さそう**〟な感じで頼まれたら……受けるのも、断るのもちょっと、腰が重くなるのではないだろうか。

多くのクリエイターが悩むこの問題、私にも似たようなことがあった。

20代前半の頃、社会人になってから疎遠になりつつあった学生時代の友人るりちゃん（仮

名）からあるメッセージが飛んできた。

要約すると「お店を出すことになったから、そのお店のメニュー表を作ってほしい」という内容だ。るりちゃんは昔から自分のお店を持つことが夢だと言っており、私もそのことはよく知っていた。

しかし、それとこれとは別、と言わんばかりに私はメニュー表作りを断ったのだ。

そのお願い、軽く頼みすぎてない？

理由は、何というかその……**軽かったから、**だ。

久しぶりの連絡がアイドリング無しに「**メニュー表作って～**」だったのである。

こちらとしては「なんのメニュー？」「いきさつは？」「なんで私に？」とクエスチョンマークでいっぱいである。

確かに高校でデザインの勉強をしてはいたが、それを生業（なりわい）にしたことはなく、当時は、ただのしがないフリーターでしかなかった。話をひもといていけば、前述の流れまで知ることができたのだが、終始るりちゃんは「**ちゃちゃちゃっとできるっしょ**」「**良いじゃんケチ！**」と、学生時代のノリそのままの調子だったのだ。

で、出た～！ 全部丸投げしてくるヤツ～!!

こっちがどれだけ苦労するかも知らないのに、明らかになめられている。せめて、「**それが人にモノを頼む態度か!?**」と軽口を言いながら、話し合える関係性ならまだ救いがあったのかもしれない。しかし、そのときの私にはそんなやり取りを続けるほどの体力はなく、るりちゃんへの友情の気持ちもしぼんでしまっていた……。

それ以降、案の定と言っていいのか、るりちゃんとは疎遠になった。

お祝いごとトラップ

さて、私の事例は若干の私情も混ざってモヤモヤし、断ったというエピソードだが、この「**友達からの厄介なお願い**」は、あるシチュエーションでよく起こる。

というのも、最近私の周りではいわゆる結婚ラッシュが到来中だ。ここまで言えば、ピンと来るクリエイターも多いとは思うが、そう、結婚式にまつわる「友情依頼」について悩まされる事例をよく聞くようになった。まず紹介するのは、依頼を受けた側のとあるイラストレーターの友人（以下仮名：絵美ちゃん）の話だ。

前提として、絵美ちゃんはイラストの仕事を本業とし、プロとして働いている。あるとき、友人のそのまた友人であるアイちゃん（仮名）から結婚報告と共に「結婚式用にウェルカムボードを描いてほしい」と頼まれたそうだ。

二人で遊ぶことは無かったけど同じグループで仲良くしていたという関係性。

絵美ちゃんは無償で依頼を引き受け、本業の合間を縫って新郎新婦のイラストを描いたそうだ。本業の合間を縫っての作業。ましてやA2サイズのキャンバスに手描きで仕上げるのはかなりヘビーだったと語っている。

しかし結婚式当日、絵美ちゃんは風邪にかかってしまい、やむなく欠席することになった。残念な気持ちもあるが、発送したウェルカムボードで喜んでもらえれば良いなという思いで、報告を楽しみに待つことにしたそうだ。

そんな思いとは裏腹に、結婚式当日はおろか、それ以降も、アイちゃんからは「届いたよ」の連絡すら一切なかった……。その上、後日、出席した共通の友人には「うっそ！あれ絵美が描いたやつだったの!?」と驚かれる始末だったという。

絵美ちゃんは言う、

「せめて、お礼の一言くらいくれ！」

思うに、この事例の場合、絵美ちゃんにとっては、お金の報酬が無いことよりも、気持ちの報酬が得られなかったことへの不満が大きかったのではないだろうか。

お礼の一言ももらえなかったことで、気にしていなかった「無償でやったこと」がより引っかかるようになったと感じる。もし私だったら、

「ウェルカムボードどうだった？（にっこり）」

とありがとうの恐喝をしてしまいそうだ。

「仕事と私、どっちが大事なの!!」friend ver.

次に紹介するのは、依頼をした側となる結婚式を控えたとある友人（以下仮名：しずこ

ちゃん）の話だ。式の準備で大変そうな様子がうかがえるしずこちゃんは、おもむろにあるエピソードを語りだした。

それは、しずこちゃんが親族や友人各所に結婚を報告して回っている中で、結婚式用のムービーの制作をある友人（以下仮名：ジャイ美）にお願いした話だ。

しずこちゃん「お願いしたら突然、納期は？　って言われたんだよね。挙式は半年後だよ〜って答えたら、それならスケジュール的に難しいから申し訳ないけど他の人を当たってくれる？　って断られてさ！」

私はスケジュール的に難しいのであれば仕方がないと感じたのだが、「**ひどくない⁉**」と言わんばかりの勢いに圧倒され「お、おう」としか答えられなかった。

しずこちゃんにとっては「半年もあれば作れるに決まっている」と思っていたからこそ、第一に『**断られた**』という事実があまりにもショックだったのだと思う。それに加え、納期・スケジュールなど業務上で使うワードが友達から出たことで、仕事と友情を天秤にかけているように感じ、相手を冷たいと思ったのかもしれない。

そう、まるで往年の恋愛問答、

「仕事と私、どっちが大事なの？」

が友達間で起こってしまったのだ。

確かに、さっきまで和気あいあいとしていた友達が、仕事が絡んだ途端に態度が一変すると誰だってビックリすることだろう。

「友達だから良いじゃんVS仕事は仕事」それぞれの気持ち

以上のことを踏まえ、それぞれの立場から見た感覚を私なりに解釈してみた。

友達だから良いじゃん派

「得意そうだしやってもらっちゃお。このぐらいなら2日もあればできるよね？」

仕事は仕事派

「いやいや、構想練って確認してもらって……と考えると2週間はかかるよ。そんな簡単なことみたいに言わないでよ」

……お分かりになるだろうか。

労力への認識のズレが起こっている。

知らないから仕方がないのかもしれない。しかし、聞き方や態度一つでお互いの認識のズレを修正することはできるのではないだろうか。

要件だけでお願いするのではなく、「これってどのくらい時間がかかる?」といった相談の形にしたり、反対に「これだから素人は……」という呆れた態度ではなく、「結構時間かかっちゃうけど大丈夫?」と自分のキャパシティを伝えることが大事だ。公平な話し合いができる関係を築くことが、ズレを修正していくには必要なことと言える。

もう一つ覚えておいてほしい心構えとして、友情依頼を「家（うち）来て遊ぶ?」と誘われたようなものだと認識すること。

依頼（プロジェクト）という名の「お家に入るかどうか」の判断をするのはクリエイター側だ。冒頭の私の経験に置き換えると、その誘い方が気にくわなかった時点で行かないかもしれない。絵美ちゃんの話にたとえるなら、遊びには行ったが体調を崩して帰ったとすると、その後「大丈夫？　今日はありがとう！」と一言メッセージがあれば何か変わっていたかもしれない。しずこちゃんの場合では、相手のスケジュールに合わせてもっと前もって連絡していればスケジュールが合ったかもしれない。

反対に、郷に入っては郷に従えという言葉があるように、クリエイターは家に入ったら（依頼を受けたら）相手の家のルールには従うようにするべきなのではとも思うのだ。「客人にお茶を出すのは常識である」と思ったとしても、強いることはできない。

もうこれはマナーの領域なのである。

それに、人に何かお願いされるということはそもそもステキなことのはず。

今では私も、ポッドキャストやイラスト制作などのお仕事を個人でいただくようになり、それをとても実感している。特に、お金の報酬だけでなく「ありがとうございます」や「こういうところが素晴らしい」とさらに言葉を添えてくれた方と出会ったときは感銘を受けたほどだ。思いやりに満ちたさりげない言葉や所作の一つ一つがとても嬉しく、また頑張ろうという活力となる。

そんな風に、お互いが気持ちの良い依頼生活を！　と願っている。

攻略のヒケツ

☆**制作にかかる時間やそれに伴う精神的カロリーなどを説明する。**

☆**お願いするときの態度、引き受けるときの覚悟、双方が気をつけよう。**

☆**制作に取り掛かる前に十分な目的のすり合わせをしよう。**

他人に冷たすぎてヒヤヒヤ！

態度が悪すぎるDQN系アルバイター

しんどいレベル

スキル **話しかけるなオーラ**

あまりにも冷たすぎる接客態度に見ているコチラがヒヤヒヤする。
注意しようにも全く響いている様子がない。
認められた人間以外そのテリトリーに入れる者はいない。

command

- ▶注意する
- ▶見守る
- ▶逃げる

attack

接客ダメージ	2000
(ストレスによる)胃へのダメージ	1200

バイト転職数15回にもなってくると様々な人間関係を経験するが、その中でも群を抜いて厄介なのが、お客さんへの態度が悪すぎるヤツだ。やる気もなく、態度も悪い、いわゆるDQN[*]系と言われるタイプである。私が、心の中でラバーと呼んでいた年下の後輩がまさにこのタイプだった。

ラバーは、オシャレ好きで、お店の規定を真正面から突き破るほど煌々とした金色のラバーソールを好んで履いてきていた。**ロックである。**彼のファッションセンスに敬意を表し、ラバーと呼ぶことにしたくらいだ。一言にDQNと言っても、その性質は様々だろう。ラバーの場合は、返事をしない無気力系DQNと言ったところだろうか。

何を教えても相槌が「**あ?**」と一文字で返される。

う~ん! 圧が強い!!

怒っているのか聞き返しているのか分からない「**あ?**」に対し、これ以上刺激しないようにソッとしておくしかない。

さらに、ラバーはイライラすると、手元にあるノック式ボールペンを、

カチカチカチカチカチカチ

と永久にノックし続ける癖があった。貧乏ゆすりのようにストレスを落ち着かせるためにしているのだろう。だが、やはりこちらとしては気になってしまう。

そんな態度でこれから社会に出るとき大丈夫だろうか……と思わずお節介を焼いてしまいそうになるほどだ。

そしてある日、仕事をする上で最も不手際があってはいけない相手、「お客様」を前にしたときにも、そのＤＱＮぶりを発動してしまったのだ。

（＊）ＤＱＮ……軽率そうな人、非常識な行動をする人、教養がなく品位がない人を表すときに使われるネットスラング。読み方は「ドキュン」が主流。ちなみに、ラバーの一人称は意外にも「僕」だったので、最初はＤＱＮとはちょっと違うかも？　と思っていた。私の「僕」への信頼度が高すぎる。

接客態度の悪い後輩を見守るだけの私

それは、お店の会員登録を希望するご年配のお客様が、ラバーのいるレジカウンターを訪れたときのことだ。お客様が申込書に必要事項を記入していたのだが、突然「**私のメールアドレスってなぁに？**」と言い出した。

『自身の個人情報を、知るわけがない店員に質問する』という光景はあまり見たことがない。だが、人間誰しもド忘れするということはある。横目で状況を把握していた私は「**電話帳に登録していませんか？**」「**分からなければ無記入で問題ないですよ**」などの案内がベストな応答だろうなと考えつつ、ラバーの対応を待っていた。

「**……そんなの、僕も知らねぇよ。お客さんが決めたことでしょ**」

なんと、ラバーは罪なきお客様に冷たく突き放すような言葉を吐き捨てていたのだ。

おいおいラバー、それはヤバイよ！　と心の中で叫んだとき、私は気づいてしまった。

これ、先輩の私が注意すべきでは？

かなりキツイ一言、これはさすがに見逃せない。

しかしその一方で、「**今？　まさに今この瞬間割って入った方が良い？**」「**何て言って注意すれば？**」「**そもそもの態度から指摘することになっちゃわない？**」と、冷や汗と共に次から次へとあらゆる思考が脳内を巡り、私の足を止めてしまった。

そうこうしている間に、無事登録手続きが終わっていたご年配のお客様は、ラバーの発言を気にも留めていない様子で去っていった。もしかして、私の杞憂に過ぎなかったのかも？　と、胸をなでおろしたが、果たして本当にこれで良かったのだろうか。なぜ私は、注意を躊躇(ためら)ってしまったのだろうか。おそらくそれは、決して開けてはならない「パンドラの箱」を開けることになってしまうからだ。

中学生の私が作ったパンドラの箱

話は私の中学時代までさかのぼる。私は吹奏楽部の部長をつとめており、その地位からブイブイ言わせていた。吹奏楽部の青春映画『スウィングガールズ』に大いに影響を受け、地域予選で万年銅賞の我がへっぽこ吹奏楽部の目標を「全国大会出場」へ変更。「**一音入魂〜諦めない、最高の音〜**」をスローガンに掲げ励んでいた。しかし、エンジョイ勢の多かったこの部にとって突然のガチすぎる目標は毒でしかなかった。

部活動をサボっていた同級生の部員には休んだ理由を問う二者面談をしたり、後輩の返事が小さいと「やる気あんの⁉」と活を入れた（気になっていた）りなど、とにかく注意注意！　の毎日。それが部員を引っ張っていく部長としての役割と信じ込み、一生懸命やっていたつもりだったのだが、今思えば、暴走だった。

記憶に残る部活動の一場面一場面を思い出す度、現在の私は「もっと優しい言い方ができただろう」と後悔の念に苛まれる。

なんなら未だに夢に出てくる。

あのときの私の言動で傷つけてしまった全ての人に謝って罪を償いたい。

いや、もうそんなことで赦してもらえるだなんて思っていない。

いっそのこと

今すぐ十字架にかけてくれ!!

と、ここら辺にしておかないとまた別の暴走が始まってしまう。

私にとって『人に注意すること』は、この黒歴史が詰まったパンドラの箱が開くことと同義なのだ。だからこそ、ラバーに注意することができない。つまり私は、黒歴史を思い出すストレスから身を守るための、保身に走っている。

注意すべきか否か

自分の心の平穏を保つための行動が悪いことだとは思わない。しかし、そうは言っても、心のどこかで『**状況によっては注意した方が良い**』と思う自分がいるのも事実だ。注意ができないことで、自分を責めてしまうようでは本末転倒。

結局、黒歴史を思い出すのも、注意できないことへの自責の念も、同等の疲労感がある。

ここまで来ると無限ループなのだ。

ではどうすれば疲れない注意ができるのか。その方法を探っていくしかない。

まず前提として、ラバーは自分の態度を「**良くないこと**」**として捉えていない**ことがそもそもの原因だろう。

なんだかものすごく当たり前のことのようだが、見落としがちでもある。

1章
2章
3章
4章

同じ出来事でも、その人の立場や価値観で見え方は変わってくる。注意をするときもそのことを踏まえ、自分がどんな考えで注意しているのかを明確に伝える必要があるだろう。

そういえば私がそのバイト先で新人だった頃、先輩に「**これあなたならできると思って言うんだけど、**次からはこうしてね～」という言い方で注意を受けたことがあった。単純な私は喜んで反省し、「この人に認められたい！　だからしっかりしよう！」と自然に思っていた。注意を受けたのに、言い回しのおかげで妙に自己肯定感が上がったのだ。この人は私を理解してくれている、と思わせたら勝ちなのかもしれない。

カチカチカチカチ……とボールペンを押し鳴らすラバーを私はどう手なずけるべきか。その特性を分析することで、攻略の手助けになるだろう。

ラバーはそもそも人と話すことが苦手なのかもしれないと考えた私は、積極的にレジから離れることができる「売り場へのDVDの返却作業」をお願いするように心掛けた。

相変わらず「あ?」と返事をされることに変化はない。

だが、彼のボールペンノック回数を大幅に減らすことに成功した！

ボールペンを持たなくなっただけ？

いや、これでいいのだ。どんなゲームにも「回避」という選択肢が必ずある。であれば、根本的な解決よりも状況回避を選ぶのも〝**こうかばつぐんな攻略法**〟と言えるだろう。

これは「注意すること」への勇気ある撤退なのだ！

★注意しないことは悪いことではない！　と考える。
★相手は「良くないこと」と思っていない場合もある。
★注意するときは、相手側の価値観も考慮する。

どうあがいても行きつく先はグチエンド

しんどいレベル 26

いついかなるときも愚痴ばかり話すヤツ

スキル **エンドレスグチループ**

どんな話題も「グチ」へと変化させる。
上司や同僚、会社への不平不満を漏らすことが多い。
真面目に答えすぎるとなぜか引かれることがある。

command

- 一緒にグチる
- 別の話題を振る
- 聞き流す

attack

耳タコ被害	1200
巻き込まれ事故	800

皆さんは職場の人とどんな話をするだろうか？
今日の天気、晩ご飯のメニュー、もっとプライベートな話……。相手と自分の関係によって話題は様々。忙しい毎日の中で息抜きになる雑談は癒しでもある。ところが、いくら付き合いを重ねても、話す内容が仕事や誰かの愚痴ばかりの人がいる。

「また上司が意味の分からん仕事増やしてさ〜」

「この間、あの人凄かったよ……（不敵な笑みを浮かべながら）」

などなど、顔を合わせるや否や、口から出てくるのは会社の愚痴や同僚への陰口。
ある程度のデトックスは必要だとしても、いつも愚痴ばかりというのはいかがなものだろうか。初めは親身になって相槌を打っていても、日に日に「またそれか」と思うようになり、あまり真剣に聞かないようになるのも分かるだろう。

むしろ、天気の話の方がよっぽど良い。

そんな愚痴ばかりの人間とはどう付き合っていくのがいいのだろうか。

愚痴しかつぶやかないグチッタラー

あるバイト先の先輩（通称：グチ山さん）は、みんなのリーダー的存在だ。バイト内で問題が起きればすぐにグチ山さんへ共有され、自分が休みの日でも、他のスタッフが欠勤となれば代わりにシフトに入れる人を探してあげるという、24時間365日体制の責任感の強さ。

店長からも信頼されており、アルバイトでありながらその風体は社員さながら。私も分からないことはグチ山さんを頼りに、色んなことを教えてもらった。そう、色んな……

別に聞いてもいない職場の裏事情までをも。

仕事の引き継ぎのための会話をしていたはずが、「**で、この仕事も〝やれ〟って言われたのでやることになりました〜**」といつの間にかブラック気味な言い方に。

あくまで同じバイト仲間として伝えてくれているのだろうと、気にしないようにするも、話題はそのまま流れるようにその仕事を振られたときの愚痴へシフトチェンジしていく。もはや様式美とさえ感じる業務連絡から愚痴への鮮やかな切り返し。

さらに、グチ山さんは〝**普通**〟が口癖でもあった。

「**こんなに働いてたら〝普通〟もうこんな質問しなくない!?**」

「**〝普通〟こうするよね**」

と、職場内にはグチ山さんにとっての〝普通〟が広まっていき、中には「**ここのバイトって同じ質問しちゃいけないのかと思ってました**」と怯えていた同僚も。

ちなみに、話題に出しているのは入社して2ヶ月程の後輩である。さすがに、ちょっと厳しすぎではないだろうか……。

そしてある日、グチ山さんの新たな一面を垣間見た、とある出来事があった。

愚痴じゃなくてSOSだった⁉

ある日の勤務中、前任の店長からバイト先に電話がかかってきた。「グチ山っちに代わってもらえる？」と言われ、あだ名で呼んでいるなんて前の店長とグチ山さんって一体どういう関係なんだ？　と一人想像をふくらましながら、グチ山さんに受話器を渡した。

数十分後、グチ山さんが「**ちょっと聞いてよ〜‼**」と勢いよく私のところにやってきた。遠くから聞こえた電話の話し声では仲良く会話が弾んでいるように感じていたのだが、どうやら、個人的に面倒な仕事を頼まれたそうだ。グチ山さんのニュアンスで言うなら、「**みんなと同じ給料でここまでさせるとか、〝普通〟あり得なくない⁉**」という感じ。いつもなら、話半分に「えー！　マジっすか⁉」の一辺倒で相槌を打っている私も、まぁ確かに前任の店長に仕事を増やされるのは変だ、と違和感を覚えた。

いや、待てよ。そうか……。

普段から言っていた色んな愚痴も、実はグチ山さんからのSOSだったのかも！明るく振る舞っているつもりできっと不器用なだけだったのだ。最近ずっと話流しててごめんグチ山さん！

今、助けるからね……っ‼

と気分は真相に近づいた名探偵。手のひらクルックルの私は、

「これ、今の店長に相談しましょうよ」

と真剣に提案した。さらには「というか私が代わりに伝えますよ‼」と続け、正義感にあふれた目でグチ山さんを見つめる私。

すると、さっきまで顔を真っ赤にしていたとは思えないほどのスピードで、

「あ、いや、大丈夫～」

と、スッと冷めた表情で話を収束させたのだ。

……エッ!? 嫌だったんじゃないの!?

愚痴の壁打ちで思考整理？

思えば、グチ山さんは仕事を押し付けられて大変だと言う割に「手伝いますよ」と言うと「大丈夫」と言って断ることが多々あった。つまりただ聞いてほしかっただけ、いや、壁打ち相手が欲しかっただけではないだろうか。壁打ちトークが思考整理に役立つというのはよく分かる。声に出すことで自分ってこんな風に感じているんだ、と気づくことも多い。グチ山さんも話しながら考えるタイプだっただけかもしれない。そこで突然壁が反論してきたものだからビックリしたのか、反応が返ってきたことによって人間相手に話していたことに気づきハッとしたのか。もしくは、愚痴で盛り上がれると思ったら、予想に反して私の真面目スイッチが入ったから「冷めるわ〜」と思ってさっさと切り上げたのか。

どちらにせよ、私の反応はグチ山さんの〝**普通**〟とは違ったのだろう。

そもそも、〝普通〟や〝常識〟を重視するのは、周りからズレることを敏感に気にしているタイプともいえる。グチ山さんは、愚痴を通して自分と他人との「普通」のチューニングをしていたのかもしれない。

呑兵衛が呑みニケーションで、相手の深層心理を探ろうとするように、グチッタラーは愚痴ることで、コミュニケーションをとろうとしているのではないだろうか。

なぜ愚痴でコミュニケーションをとってしまうんだ！（振り出しに戻る）

フランスの哲学者ヴォルテールの名言にはこうある。

人間は言うことが無くなると
必ず、悪口を言う。

確かに、よく考えてみれば私とグチ山さんの間には「愚痴以外の話題」で会話をした記憶が見当たらない。そうか、私の方から共通の話題を振ってみればいいだけなのだ。

あくる日私は、別の話題を振ってみた。

「グチ山さん、絵上手ですね！　何かやられてたんですか？」

「あ〜、なんか職場で私以外にこういうの描いてくれる人いなくて……」

ダメやん！

染み付いたグチコミュニケーションを払拭するのはまだまだ時間がかかりそうだ。

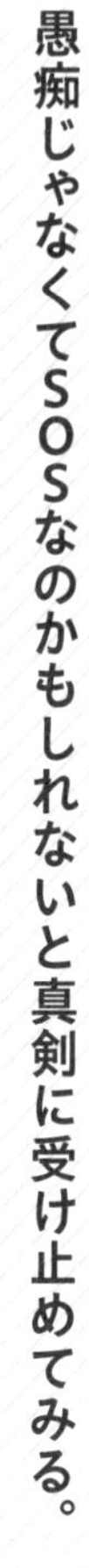

★愚痴じゃなくてSOSなのかもしれないと真剣に受け止めてみる。

★愚痴以外に話すことがないだけなら、自分から別の話題を振ってみる。

恋のキューピッド

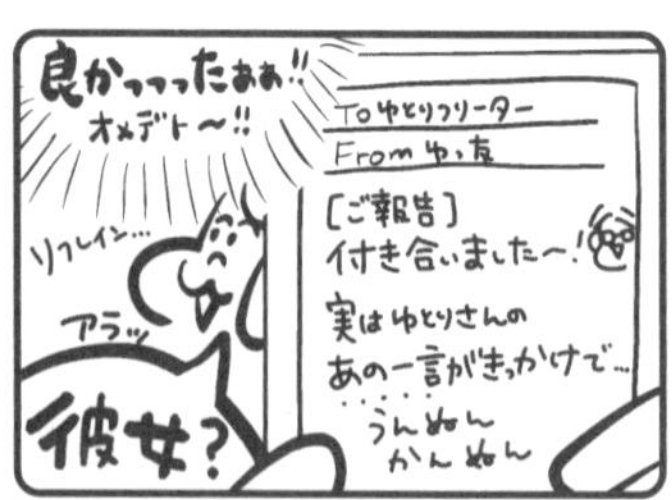

あの頃の夢

ポッドキャストについて

今はスマホ1台で自分のラジオ番組が作れる時代である。

私が音声配信を始めたのは、高卒フリーターとしてのらりくらりする予定が、色々あって自信を失い、いわゆるモラトリアム期間に入っていた頃のことだった。

これからどうしていったら良いのか分からなくなり、悶々としていた私にとって、私は声で、リスナーはコメントで、匿名の存在同士で他愛のない交流をすることが癒しになっていた。友人にはなかなか話せないようなことも、抵抗なく話すことができたのだ。

当時、実家暮らしだった私は、親にバレないよう自室の押し入れで夜な夜な語るという日々を過ごしていた。秘密基地のような空間で、秘密の友人たちとの交流という、何とも魅惑的な響き。その楽しさと言ったら、筆舌に尽くしがたいものがある。始めて1ヶ月後にはいつかラジオブースで喋るラジオパーソナリティになりたい、とリスナーに夢を語るほどだった。

そんな風に、音声配信にどっぷり浸かった私が、家族にバレないわけがない。母親から「ねぇ最近楽しそうだけど、夜誰かと話してる?」と聞かれ、ゆとりフリーターというもう一つの名前を明かすことに。

フリーターのときもそうだったが、楽しそうにしていれば良いという考えの家庭なこともあり、家族みんなでとても応援してくれた。

現在は音声配信を通じて知り合った夫と二人暮らし。

隠す必要もなくなった私は憧れのマイク・インターフェースなどガチ勢さながらの機材をそろえ、ますます精力的に活動をしている……はずが、押し入れ特有の狭くて暗い密室のひっそりとしたワクワク感を忘れられず、結局今も、昔と似たような環境で行っている。

2章

モヤッとする人間関係

　モヤッとするけど、関係性を壊す方が面倒でなあなあに済ませてしまうことがある。誰かに対して怒る労力を使うくらいなら、多少苦労しても自分の中で完結させたくなってしまうのだ。

　なるべく他人にリソースを割きたくないと思いながらも、モヤッとをため込みすぎるのは自分にとって毒だ。この章ではそんな私のモヤッとした出来事を吐き出しながら、ちょうどいい付き合い方を考えていきたい。

しんどいレベル **25**

隙あらば自分語りするヤツ

スキル ノーブレス・マシンガントーク

息継ぎをしているか心配になるほど話し続けている。
自分の話ばかりをしている自覚がない。
蓋を開けると同じことを何度も言っていることも多い。

command

- ▶ 切り上げる
- ▶ 張り合う
- ▶ 耐える

attack

会話の主導権の喪失	1800
忍耐力へのダメージ	1500

皆さんの周りに、隙あらば自分語りするヤツはいるだろうか。

良く言えばおしゃべり好きだが、相槌係のこちらからすると、ぶっちゃけその話自体が面白くないことの方が多い。おしゃべりと言っても、必ずしもコミュニケーション能力が高いわけではないのだ。ネットの世界であれば「自分語り乙!」の一言で片づけられても、リアルな人間関係ではそうはいかず、興味のない話を一方的に続けられてしまう。

マジで、控えめに言って苦行。

なぜこちらに会話のターンを譲ってくれないのだろうか?

相手の顔色をうかがうということを知らないのか?

そもそも、なぜ私はこんなに好戦的な態度になっているのか?

例えるなら、カラオケでマイクを延々と独占されているときと同じような気持ちで、「私も歌いたいのに!」と思っている人ほど、気になってしまうのかもしれない。

もはや、相手の話が終わるか、こちらが切り上げるかの耐久戦となっていくのだ。

独走！　会話のダブルドリブル[*]

まず、「隙あらば自分語りするヤツ」の特徴を挙げていこう。

第一の特徴として、どこでブレスしているのか分からないほど、**相槌の隙を与えないことが多い。**時には、相槌さえ必要ないのではと思うほど、こちらの存在を無視されるのだ。

一緒にいるのに孤独を感じる……

と、まるで破局直前の恋人たちのような切なさを抱いてしまう。

第二の特徴、**時系列で話しがち。**

朝眠そうにしている相手に「昨日寝てないの？」と聞くが最後、「昨日は20時半に家に着いて〜、あ、20時45分だったかも。それでそこから晩ご飯に酢豚食べて〜テレビ観て〜

あ、もうこんな時間だからそろそろお風呂入らなきゃって思ったんだけど、急に友達からＬＩＮＥが来て～」と、全てをこと細かに話し出してしまうのだ。

あんたが何時に寝ててもいいわ！

と意地悪な心が生まれてくる。

第三の特徴、**こっちへの質問は弱め。**
「隙あらば自分語りするヤツ」と言ってもその濃度は様々だ。中には、自分が一通り話したあと「そっちはどうなの？」とようやくパスを回してくれる人もいる。
そんなとき、こちらは「よし来た！」と腕まくりをするか、「あっ、こっちにも話振ってくれるんだ!?」と拍子抜けしてしまいスカしてしまうかのどちらかだ。どちらにせよ、その気持ちは次の瞬間には無駄になる。そう、一度こちらに質問してくれたとしても、「え～！」と一言リアクションしたのち「私は～」とすぐ自分の話に戻すのだ。

もう少しリアクションくれ！

いつの間にかその術中にハマっているのか、私は「話を聞きたい」というよりも、**「話を奪いたい」**気持ちで会話の耐久戦を抜けられなくなっている。

いつか絶対、私の話で盛り上げてやるんだから……

と、こちらが元気なうちは張り合いを持てるが、相手の話を一方的に聞き続けることに「諦め」を感じているときは、ただひたすらしんどい時間である。

（＊）ダブルドリブル……バスケットボールの公式ルールにある反則の一つ。ドリブルを止めた後に、またドリブルを始めてはいけないというルールだが、これはコミュニケーションでも同じことが言える。自分の話（ドリブル）が終わったらパスしよう！

状況によってはとても助かる存在

しかし、そんな「隙あらば自分語りするヤツ」も、初対面のときにはありがたい存在ではなかっただろうか。特に、初めての会社、初めての職種など、その職場で自分が〝新入り〟という情報しかない状態のとき、話しかけてくれるだけで「**なんて心優しい人なんだ**」と感激したものである。

話の間ができないほどのマシンガン自分語りトークも、なんだか心強かったし、新たな新人が入ったときにも同じことを思った。緊張した新人と緊張がうつる自分とマシンガン自分語りトーク、この三者が集まったとき、マシンガン自分語りトークは実に重宝する。マシンガンの独走を見守ってさえいれば成立してしまう空気のなんてありがたいことか。「この人に話題一つ振っておけば、間が埋まる」というある種の絶対的な信頼を持っているのだ。

敵対すると終わらない戦いになり、共闘すれば世渡りしやすい。

相手と穏便に暮らしていくのであれば、これまで通り話に付き合っていくのがベター。だが、苦痛をともなうほどなのであれば、そもそも会話が始まるような接点を持たない、が自分にとって最も健康的であろう。しかしそんなことできれば苦労しないよ！　という方に向けて、ここで私は二つの妥協案を提案したい。

①どこまでドリブルできるか眺める

まるでスポーツ観戦を楽しむように「**一つの話題でどこまでドリブルし続けられるか**」その距離を観測する気持ちで話を聞き続ける、というものだ。

ムカつく客がいたら自分は下界の見学に来た神様という設定で過ごせ、にも近い。「**そんな下衆な……**」と感じるような、今世で徳を積んで生きていきたい人にはあまりオススメできないマインドセット。しかし、そう思っていることで不思議と「もっと話してくれ、もっと！」と合いの手を入れるのが楽しくなるのだ。これなら自分も相手も楽しい。

②話を切り上げたくなったら、遠くの一点を見つめる

もう一つは話を切り上げるときに最適な仕草である。

皆さんは、猫と暮らしたことがあるだろうか？　猫はたまに「そこに何か見えてるの？」と不安になるくらい一点を見つめるときがある。

それをするのだ。

話を切り上げたくなったとき、相槌をやめ、顔から30度ほど上のどこか一点（壁時計がありそうな位置など）をボーッと見つめ静止する。そしてマシンガントークをしていた相手が気づいたそのとき、「ごめん！　〇〇しなきゃ」の一言でターンエンド。

完全に切り上げることができる。

相槌を打つことはイエスマンになることじゃない

自分語りされることへのストレスはどこに起因するのか。それは、相手に会話の主導権を握られている、非コントロール感ではないかと思う。会話をコントロールしたい、流れを作りたいと思っている人ほど、自分語りする人に対してマイナス感情を抱いているのではないだろうか。

だが、そもそも「一方的に喋ってくるヤツ」をそうたらしめているのは「ずっと相槌を打っている自分」がいるからこそではないか。相手からすれば「**ずっと相槌打っているだけのヤツ**」「**心を開いていない**」とまで思われているかもしれない。いやいや、そっちが話し続けているからでしょ、と言いたいところだが、腹を割って会話できていない以上、そのようなすれ違いが起きていても仕方がない。であれば、「ほんとあなたっておしゃべりよね〜」くらいのジャブを打つ方がちょうど良いのかもしれない。

相槌を打つことは、イエスマンになることではないのだ。

関係性を築いていくには、同意できないことにはカウンター主張があった方が、むしろ良いのかもしれない。本来コミュニケーションとはお互いの意見交換をすることで新たな価値観に気づけることに良さがある。一方的なままにしているから問題なのだ。

こいつとなら、戦い甲斐があるぜ！

と、ファイティングポーズで臨めば、良い関係を築けるのではないだろうか。

★どこまで話し続けるか、気長に相槌を打ち続ける。

★話を切り上げたくなったら、遠くの一点を見つめる。

★たまには「あなたって本当おしゃべりよね～」とジャブを打ってみる。

1章 2章 3章 4章

しんどいレベル **28**

独特なノリで話しかけてくるヤツ

スキル **だる絡みルーティン**

常連アピールが目的なのか、店員に独特なノリで話しかけてくる。
初対面のうちから馴れ馴れしいことも多い。
決まった時間に訪れてだる絡みするのがルーティンになっている。

command

- ▶ 真面目に対応する
- ▶ 愛想笑いでやり過ごす
- ▶ 隠れる

attack

時間ロス	2800
精神へのダメージ	600

高校卒業後、主に飲食・販売などのサービス業を中心に、数々のアルバイトを渡り歩いてきた。その中で不思議に思ったことがある。「常連さん」という存在についてだ。一口に常連さんと言っても、様々なタイプに分かれている。毎回決まった時間に必ずやってくるルーティンタイプ。毎回決まった料理だけ注文するタイプ。

そして**毎回お決まりのセリフを言ってくるタイプ**。

私も毎朝の散歩の道中でいつも使う自動販売機があり、決まってボス カフェオレを飲まなければ一日が始まらないと思っているくらいなので、ルーティンタイプや、固定注文タイプの気持ちは理解できる。

一方でこの「毎回お決まりのセリフを言ってくる」タイプは全く分からない。お決まりのセリフと言っても「おはようございます」のような不動の挨拶シリーズのことではない。

〝毎回同じノリ〟の冗談

を言ってくる人のことなのだ。

お店によっても様々だが、クレームかと思うセリフが多い傾向にあるため、店員側は一瞬肝が冷えてしまう。慣れてくればそういうノリの人なのだと、受け流すこともできるのだが、心の中では**「正直、そのノリ（何が面白いのか）よく分からんのよね！」**という一歩引いた気持ちしかない。

お店を支えている常連さんの存在はありがたい。

それでも、時として「今の返しで正解だったのかな」と気を揉んでしまう、かよわい店員の気持ちも少しは理解してほしいと思ってしまうのだ。

ここにあるのは全部観た

レンタルビデオ店で働いていたときのこと。毎日夕方にやってくる、くたびれたスーツ姿の常連さんがいた。洋画や海外ドラマが好きで、『24』シリーズを借りていたことから、ここではジャックと呼ぶことにしよう。そのジャックは店員と目が合えば必ず「ここの店にあるDVDは全部観た」と話しかけてくるヤツだった。

いや、なんの宣言⁉

「全部観たオレすごいだろ」と言いたいのか、「もっと品揃えを豊富にしろ」という要求なのか。厄介な客が来たと、はじめのうちは警戒していたのだが、接しているうちに、会話の入り口にしたいだけだと気づいた。この会話に引っ掛かったら最後、その後はこのように展開されていくのがお決まりだ。

ジャックのこうげき！

「ここの店にあるDVDは全部観た」

てんいん　たたかう

「新作も出てますよ」

「品揃えがあまり豊富じゃなくてすみません」

▼

「**全部観たなんてすごいですね**」

ジャックのこうげき！
てんいん　たたかう
ジャックのこうげき！

「なんか面白いのある？」
「これ面白いですよ」
「そういうのあんまり好きじゃない」
「あっ……」　**てんいんは　にげだした！**

結局、ジャックは「これ何回も観てる」とぶつぶつ言いながら何かを借りて帰っていく。もうどんなリアクションをすれば正解なのか、それとも特にリアクションを求めているのではなく、話しかけるのがジャックにとってのルーティンだったのか。そのバイト先では、吉本新喜劇バリのお決まりのくだりになっており、業務に追われて忙しいときはエンカウントしないように死角に入ろうとさえしていた。

そんな日々の中、ふと気づくと、ほとんど毎日通っていたジャックが3ヶ月ほど来なくなっていた。と言っても四六時中ジャックのことを考えていたわけではない。学生時代の友人とばったり顔を合わせたときに「**そういえばいつぶり〜？**」と話し出すときの感覚だ。

空白の3ヶ月を経て、ジャックは再び現れた。

久しぶりに来店したその姿を見て、なんだか嬉しくて、私は思わず自分から話しかけていた。するとジャックは、お決まりのセリフではなく「この間交通事故にあって」「最近、ネットフリックスに加入した」と様々な身の回りの変化を教えてくれたのだ。「話題の『愛の滑走路』観てるよ」と話してくれたりもした。

「いや、それ『愛の不時着』ですよ」とツッコみつつ優しい時間を過ごす。季節の移り変わりのように人も変化していくものだと感じ、いわゆる〝エモい〟気持ちになったのだ。

あんなに苦手だったジャックと楽しく会話を弾ませていた自分自身への驚きと共に、

〝ジャックにはこういう対応をするしかない〟

というルーティンに私自身も縛られていただけでは？　という仮説にたどり着いた。

毎回お決まりのセリフを言っていたのはなぜか

理由や動機を考えてみると、見栄やプライド、ちょっとしたユーモアなど、いくらでも考え得るが、やはり、深い意図があるようには見えないと思い至る。

つまり、彼らにとってこういったコミュニケーションをとることは単なる習慣の一つでしかないのではということだ。冒頭で言った、ルーティンタイプ・固定注文タイプに続いて、「店員との絡み」がないと始まらないだる絡みタイプと言えるかもしれない。お客さんにとって私はボス カフェオレの一部なのだ。

だが、コミュニケーションを求めるルーティンの一翼を担うということは、買えば手に入るといった単純なものではない。人と人が関わる以上、しがらみはある。

私も「そのノリよく分かんねぇんだよなぁ〜」と鼻ホジだった。

だが、時間を重ねていったからこそ「今日もアレ、あるかな?」と期待しだすようになっていた。

きっと、このノリの向こう側に愛着が生まれるのだ。

日常に愛着を持つルーティン

なんてステキな響きだろう。

私もいつか、独特なノリができる行きつけのお店を作ることができるだろうか。

今日もジャックはあのレンタルビデオ店で「ここの店にあるＤＶＤは全部観た」と語りかけていることだろう。

★このノリは彼らの習慣の一つと捉える。
★ノリ続ければいずれ愛着が湧いてくるかも？

それ話しかけてるの？　それとも独り言？

しんどいレベル **10**

独り言がデカすぎるボヤきインフルエンサー

スキル　ボヤきトラップ

一度ボヤけば、手を差し伸べるべく人が集まって来る。
ボヤきに耐えられなくなった人から、話しかけてしまうため、
本人にボヤきの自覚があるのかは不明。

command

- ▶ボヤきを拾う
- ▶ボヤきを拾わない

attack

時間ロス	1500
作業量の増加ダメージ	1900

皆さんは職場のデスクの向こうで、独り言なのか話しかけているのか分からないボヤきが聞こえてきたとき、どうしているだろうか。

「えっ！」「うわなんだこれ……」「あれ、おかしいな〜」など、大なり小なりハプニングは起きているようだ。

こういったとき、**『自分も作業中だし聞こえないフリをして無視』『余裕があるから「どうしました？」と反応してみる』**など、自分の置かれている状況や相手に対する好感度によってもどう対応するかは変わると思う。

いざ、拾ったとしても「**あぁごめん独り言だから気にしないで！**」のパターンもあれば「**そうそうこれがさぁ**」と話が続いたりと、曖昧なボヤきに反応したときの分岐も様々だ。

私が働いていたあるバイト先では、タイムカードやその日の業務の引き継ぎ、本社からの指示などを、一台のパソコンを使ってみんなで確認していた。すると、よく目にする光景の一つが、機械オンチなパートさんがかじりつくようにデスクトップパソコンを見ている姿。そしてぶつぶつと独り言。

「えっ何コレ〜!? ぶつぶつ……」

この場合、私は100%拾うようにしていた。
なぜなら私は、隣にいようと2〜3メートル離れていようと、誰かの曖昧ボヤきが発動されると、拾わずにはいられない人間だからだ!

恐るべし! ボヤきインフルエンサー

私の過去のバイト先で最も曖昧ボヤきを使いこなす50代のパートさん(属性:機械オンチ)を例に話していこう。前述のよく見る光景で紹介した人物その人でもある。そのボヤきエキスパート、通称ボヤ澤さんは、今日の天気からおすすめの簡単レシピ、今期人気ドラマの話など毎朝の情報番組みたいにとにかく話の引き出しが多い人だった。

どこの職場にも一人はいそうな雰囲気の持ち主で、〝**愛されボヤき**〟なんていう特殊能力を手にしているのではないかと思うほど、バイト仲間から慕われている文句なしのムードメーカー。私もそんなボヤ澤さんを慕っているうちの一人だった。

ある日、例のごとく、曖昧なボヤきが発動された。

「**……ん⁉ ……これ、あれっ……まーた、店長……ぶつぶつ……**」

また何か言ってるなぁ～（笑）と思いながらも、ちょうどボヤ澤さんの一番近くにいたこともあり、私は作業の手を止めて「どうしました？」と近づいた。

すると、なぜか店長の愚痴を聞かされることに。

どうやら店長の不備を発見したらしい。「**あれっパソコンの操作で苦戦してるんじゃなかったのね**」と内心思いつつ、愚痴は日常茶飯事なので聞き流していたのだが、私が一番困惑したのはその後だ。

しばらく二人でパソコンの前で話していると「なになに」「どうしたの？」と、次から次へと他のパートさんたちも集まってきてしまったのだ。

ボヤきエキスパートのインフルエンス力すごすぎない!?

一人一人が微妙な時間差で「何があったの？」と聞いてくるのでいちいち説明するのも時間を要する上、それぞれが仕事の手を止めてまでやってきている。

気になってしまう野次馬の気持ちも分かるが、

「えっ、なにこの時間!?　みんな持ち場に戻りなよ!?」

と真面目な学級委員長のような気持ちになっていた。お客さんにも見えるところでスタッフ同士ワイワイしてしまうことに極端に怯えていた節もある。

私は、一刻も早くこのバズが収束することを祈ることしかできなかった。

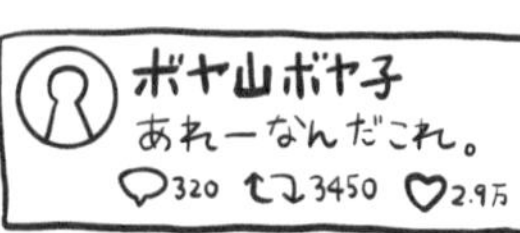

注意！　ボヤきトラップ

そんな中、「これはどうにしかしないと自分が消耗する！」と思った決定的な出来事があった。その日もまた、「あれーっ？」とかすかに聞こえる声でパソコンのキーボードを見つめるボヤ澤さんがいた。

いつものように駆け寄ると、どうやら数字のキーが反応しないようだ。

「やだこれおかしい！私、何もしてないよ!!」

と、まるで濡れ衣を着せられたかのようなことを言っている。

往生際の悪い犯人は必ずそう言うものだ。こういうとき、大体はナムロックキーがかかっているだけのことがほとんどだ。

スッと私がワンタッチで直すと「**すごーい、さすが！**」とやや大げさに褒めてくれる。

これだから、ボヤきを拾うのはやめられないぜ……。

「えへへ、じゃ」と去ろうとしたとき、私はすでにボヤ澤さんの術中にハマっていたのだ。

「**じゃあこれあなたの仕事ね！　私やることあるから**」

……!?

あまりにも巧妙な「**曖昧ボヤきトラップ**」**作戦**に戦慄した。

私はまんまとその仕事を任されてしまったのだ。

そもそも、ボヤきを拾わなくても何ら問題はない。だが、「もう二度とこのトラップには引っかからないぞ」と思うほど、無意識のうちにボヤきを拾ってしまう。

その原因の一つは「面倒くさいけど拾うことで私にも満たされる何かがあるから」ではないだろうか。私の場合、ただ親切心から拾っているというよりも「**無視する薄情な人間だと思われたくない**」という恐れが根底にある。他にも「細かいところによく気がつく優秀な人だと思われたい」という承認欲や、「人を世話することへの愛情」という名の支配欲などもあるだろう。

反対に、曖昧なボヤきを発する人の心理も考えてみた。

無意識やストレス・SOSの表れ、自然にコミュニケーションを始めたいという照れ隠し。声に出して確認すると落ち着いて作業ができる。返事をしてくれた前例がある。など、大袈裟に表現すると共依存状態とも言える。

とはいえ、曖昧ボヤきを拾う側も、拾われる側もお互いに無意識で行動していることがほとんどではないだろうか。そこで、拾ってしまったあとの行動で何か工夫できることはないかと考えてみた。

曖昧ボヤきトラップ対策室

題して、拾ってしまったのであればいっそ「二人のプチ友情物語を作ろう」だ。

例えば、これまでは相手のボヤきに反応しすぐにパソコン操作を代わりにやってしまっていたのだが、すぐに「ちょっと貸してください」とキーボードを奪ってしまうことがそもそも問題だったのだ。

代わりに操作することによって相手の学びの機会も奪ってしまっている。

もしかするとこちらのその様子を見て、もう任せてしまおうという気持ちにさせてしまっていたのかもしれない。

教えてもらう手間すら申し訳ないという境地もあり得る。

そうならないように、即席の師弟関係と割り切り、教える方に徹するのだ。

理想論だが、こうすることでたとえ野次馬が集まってきても、

今二人でやってる（友情物語作り上げてる）とこなんで大丈夫です！

と断りを入れることもできるだろう。

☆声に出すことで自分を落ち着かせている場合もあるので無視しても問題ない。
☆すぐに代わりにやってあげようとしない。
☆二人で乗り越えるプチ友情物語を演出して感謝されよう。

世の中、言ったもん勝ちっしょ!

しんどいレベル

21

ワンチャンで面倒なお願いしてくるヤツ

スキル

あわよくば要求

「できませんか?」と下手に出ながら聞いてくるが、心の中では「できるだろう」と思っているのが透けて見える。ルール違反をするか人情を出すかの選択を迫られる。

command

- ▶ 対応する
- ▶ 断る
- ▶ 逃げる(大体、逃げられない)

attack

善悪の判断	1200
心理戦	300

接客業では度々、お客さんに〝**あわよくば要求**〟をされることがある。身近な例を挙げると、ゲームセンターのUFOキャッチャーでどうしても取れないときに、店員さんに商品の位置を直してもらうことなどは実際に見たことがある人も多いのではないだろうか。

店員側としては「よくあること」「マニュアルにもあるので問題なし」と割り切っているのかもしれない。

もちろん、接客の範囲内で済む程度のことがほとんどだが、中には、

そのお願い……ってちょっとずるくない？

と戸惑ってしまうお願いもある。

カプセルトイを取り扱う（通称：ガチャガチャスタッフ）バイトを始めた私はまさにその複雑な心理戦をお客さんと繰り広げることになった。

「私、これが欲しいんだよね〜」と店員にささやく客

ガチャガチャでは、よく筐体（きょうたい）の中でカプセルトイが詰まってしまい、うまく出てこないときがある。この不具合の対応をすることが、ガチャ接客の7割を占めると言っても過言ではない。

筐体の詰まりを直す際は、商品の入ったバケツを一旦取り出し、中の詰まりを点検する一連の動作がある。その日も、お客さんに「商品が出てこない」と言われ、いつものように異常がないか確認していた。

まるで大鍋をかき回す魔女の気分で、ガラゴロと中をかき混ぜていると、背後にやたらと圧を感じる。そう、今、カプセルは丸見えの状態。

次何が出るか見えるんじゃね⁉

というお客さんの心の声が聞こえてきそうだ。

そんな猛烈な圧に耐えながら「あんまり見ないでほしいなぁ～」と遠慮がちに背中で筐体を覆い隠していると、お客さんはついに言った。

「**店員さん、次、これ出してほしいな……！**」

まさかの直談判！

不測の事態だ。あまりにもストレートな申し出に私も内心、

いやっ、まぁ……、できますけど⁉（※ダメです）

とまで思ってしまった。作為的にやることは可能。しかしそれはお店のルール、いやガチャガチャという概念への禁忌を冒すことになる。

ただ「モノ」が欲しいならフリマアプリで探せよ……。
ここではみんな「回す楽しみ」を買っているんだ!!

と、店員としてのプライド・ルールをとるか、目の前のお客さんの期待に応えるか。

ガチャバイト歴6ヶ月・ゆとりフリーターの決断

こういった「あわよくば要求」をされたとき、私の脳内では様々な葛藤が起きている。

―店員ノココロ　ガチャガチャは何が出てくるか分からないワクワク体験を買ってもらうものだ。希望通りセッティングするのは許されない!

―人間ノココロ　でも、こちらのお客さんはこのカプセルだけが欲しくてずっと回してくれているみたいなんや……。

—**店員ノココロ**　一人のお客さんを特別扱いして、他のお客さんはどうなる？

—**人間ノココロ**　今なら他のお客さんもスタッフも近くにいないしここだけの話にすればエエ……。

—**店員ノココロ**　味を占めて「あの店員はやってくれたのに！」と言われてしまう可能性だってある！

—**人間ノココロ**　い～や、目の前のお客さんなら分かってくれるはずや‼

その脳内死闘の末、私が出した決断はというと、一番ずるいものだった。

「**すみません。ガチャはそういうことできないので～（分かってくださ～い）**」とやんわり苦笑いを浮かべつつ、見えないようにお客さんが切望していたそのカプセルをピャッと瞬時に次回せば出るようにセットしていた。

すまない私の店員ノココロ！

その心、目の前の人に流されてない？

大体の仕事では、これほどまでに迷うことが起きた場合、先輩や上司に指示を仰いだ方が良いだろう。しかしお客さんの「あわよくば要求」は店員との「**その場限りの共犯関係へのお誘い**」であり、今この場でYES or NOを聞いているのだ。

表向きは店員としてお断りを入れ、実際の行動ではお客さんに肩入れをしてしまう。この行動は、マニュアルを臨機応変にした柔軟な対応、とも捉えられるかもしれない。

しかし私は心の奥底で、これが本当に正しいかどうかをジャッジできずにいる。

つまり、自分の行動に全く納得できていないのだ。

良い人だと思われたい、気が利く店員だと思われたい、それは悪いことではないと思う。だがその結果、お客さんに「言ったもん勝ち」だと思われてしまうのも不本意なのだ。本当はただ、「**良い人だと思われたい願望**」を満たしているだけなのでは？　という自責の念がチラついてくるのである。

きっと、真正面から「何が出てくるか分からないこと」を楽しむためにガチャをやってくれている人だっているだろうし、本当は次に欲しい商品をセッティングしてほしいけど言う勇気がない人だっている。その声なき声のためにも、

ズルを許してはいけないのでは？

と良心が語りかけてくるのだ。

考えることで整理がつくものと思いきや、自ら矛盾を生んでいることに気づき、どうするのが〝より正しいか〟に囚われてしまっている。

こんなとき、どうしているか先輩に聞いてみた。

収拾がつかなくなってきたときは、やはり他人の意見を聞くに限る。さっそく私は、ガチャバイト歴2年のキャリアも人徳もある先輩、徳高さん（仮名）に聞いてみた。

唐突な質問に徳高さんはキッパリとこう答える。

「悪気ない感じで『次これ欲しい』って言ってくるお客さんはいるよね〜。でも『ごめんなさい、そういうことはやってないんで〜』って断ってるよ〜」

…………。

まさに、正論。

まっすぐ向けられたその眼差しに、私は自分の行いを恥じるしかない。やはり、人間ノココロを捨てないとこの仕事はできないのだ。今日から私は店員ノココロだけ持って生きていこう……。そう思った矢先、徳高さんはこう続けた。

「**でも、さすがにこれは意地悪かな？　ってときは次出るようにすることもあるよ！**」

に、人間ノココロ〜〜!!

どうやら徳高さんは、そのときにガチャ残数が2個などで誰がどう見てもカプセルに何が入っているか明らかだった場合は、特別に対応[*]しているとのこと。商品の詰まりが原因で声をかけられてからの〝あわよくば要求〟は、こちらの不備で迷惑をかけている負い目のようなものもやはりあるので余計に断れないらしい。

（＊）私の一連の葛藤を読んでくれた方なら理解しているとは思うが、この対応はあくまでも個人の判断によるものである！　どこのカプセルトイ店でも同じような対応をしているわけではないので要注意。「あわよくば要求」はあくまでも「あわよくば」なお願いにとどめてくれ！

ガチャ残数に応じて対応を変えているだと……!!

なるほど……これが**臨機応変**ってことか。

私の場合は、状況に応じて自分が気まずくならないための行動だったが、本来は、状況に応じてルール（お店）を守ることこそが店員として最善の行動であり、毅然とした態度で臨めばなんの問題もないことだった。

むしろ、**今までの私は一種の公私混同をしていたのだ!**

「次あれ出してほしい」という要求に、ガチャ概念への冒涜と憤慨しかけていたのも、今まで培ってきた〝**お客さんとしての私**〟があったからこそ、抱いた感情だったのかもしれない。そもそも、特定の商品を狙って回す気持ちはガチャにはつきものである。それでも懲りずにまた回しに来てくれたら、それはガチャを愛してくれている証なのだ。

お店側の「ガチャは体験を提供しているというスタンス」と「とにかくアレが欲しい」というお客さんの気持ち。

この戦いは終わらないかもしれない。

だが、同じガチャを愛する者同士、そのジレンマさえも楽しみ合えたらいいなと思う。

むしろ、そんなお客さんとの駆け引きこそが、ガチャ店員としてのレベル上げクエストの場。いかにお店の利益を守り、そして顧客を逃がさないようにするか。私が異世界転生した暁（あかつき）には、この経験で**俺tueeee！展開**が待っているかもしれない……。

★お客さんの状況によっては要求通りに応えてあげることもある。
★判断が難しい場合は一旦その場を離れ他のスタッフに指示を仰ぐのもアリ。

しんどいレベル **20**

クソデカ主語で話すヤツ

スキル アキネー〇ー風クエスチョン

主観100％で話しているのに、その自覚がないことが多い。
Yes or Noの二択でしか答えられない質問をしてくる。
自己流の統計学で相手を分析しているが、半分以上外れている。

command

▶ クソデカ主語で応戦する
▶ 適当に受け流す

attack

信頼関係へのダメージ	1300
精神へのダメージ	1000

皆さんは誰かを「あいつ○○なとこあるよな」「○○なヤツってこういうことするよな」と大きなくくりでまとめて話してしまうことはあるだろうか。

言い方や態度も含めてではあるが、おおむねこういったくくりは、悪口として使われることが多い印象だ。「**クソデカ主語**」というネットスラングも登場し、**他人をカテゴライズすること**に嫌悪感を抱く人も少なくない。

例えば、私としてはただの名前でしかないのだが、「ゆとりフリーター」と名乗りはじめてから「**ゆとりさん、と呼んだら失礼ですかね……**」と聞かれることがある。「ゆとり世代」へのネガティブなイメージを持っているからか、「ゆとり」に「さん付け」は失礼だろうかと気を配ってくれているのだろう。

このように気にする人もいれば、私のようにただの名前だからと思う人もおり、嫌悪感を抱く度合いは人それぞれだ。そして面白いことに、「クソデカ主語」は自分がされたときは嫌悪感を抱くにもかかわらず、自分自身で日常的に使っていることも多いのだ。

されると嫌、なのにしてしまっているかもしれない。この二面性はなぜ起こるのか？

「あなたって○○だよね？」 アキネー○ー風決め打ち質問

実際に私の日常で起きた「クソデカ主語被害」から話していこう。

万年文化部だった私だが、初対面の人に唐突に、

「ソフトボール部だった？」

と聞かれることがある。私の髪が短いからそう思ったのか、もしくは挙動からそう感じたのかは分からない。だが、私がソフトボール部であることを前提に質問されるその言い方に違和感を覚えてしまう。その他にも、

「原宿系だよね？」

（今でも意味がよく分からない）

「たまご料理好きそうですね？」

（どういう偏見？）

などこちらには理解しがたい回路で決め打ち質問をされたこともある。

「何部だったんですか？」「どんな料理が好きですか？」ではなく返答をYES or NO形式にしているのがポイントだ。特に初対面など、相手と関係性がまだ出来上がっていないときによくあることのように思う。肯定的に捉えるならば、探り探りで私のことを知ろうとしてくれていると考えることもできる。

もはやアキネーター○ーの中の人では!?

と不快とまではいかないが、まるでクイズの答え合わせに付き合わされているかのような気持ちになり、モヤモヤする。ただ、私自身の中にも「短い髪＝ソフトボール部」というカテゴライズが存在していることにお気づきになっただろうか。

「〇〇ってことはこうなの？」という偏見

次に、実際に私がしていた「クソデカ主語加害」を思い出してみた。
それはバイト先の学生アルバイトの子と家族構成の話になったときだ。
相手が三兄弟であると知った私は何の気なしに、

「やっぱり真ん中の子は変わり者なの？」

と聞いていた。「あ〜確かに、どうなんでしょうね〜？」程度の返答でサラッと会話は流れていき、相手は特に気にしていない様子だったが、気にしないフリをしてくれていただけなのかもしれない。今振り返ってみるとこのフレーズ、とんでもないクソデカ主語であり、決め打ち質問であると思ったのだ。

考えてみれば、こういったクソデカ主語は誰かと会話をする中でよく出てくる。つまり、クソデカ主語がコミュニケーションを取るための話題のきっかけにもなっているのではないか。クソデカ主語というとかなり悪い響きに感じるが、視野を広げて考えてみると、例えば、苗字も言ってしまえばその人を示すクソデカ主語な情報だ。

珍しい苗字の人なら特に、初対面の人との会話で苗字について突っ込まれたりするのではないだろうか？　他にも出身地、出身校、職業、趣味、スポーツ……「えっ！　○○なの？　じゃあ○○だったりする？」などと、クソデカ主語により話題が生まれるということは多くある。

私たちは「クソデカ主語」で共通の話題を探そうとしていると言っても過言ではない。

そうなってくると、クソデカ主語で話す行為自体が悪いのではなく、そのクソデカ主語をどう扱い、どう人と接するかが大事になってくるのではないだろうか。

偏見と偏見をすり合わせるのが対話

自分がクソデカ主語を使われたときは「なんだこいつ」感を抱いてしまいがちだが、いざ自分がしている側のときを思い出すと、決して相手を馬鹿にしたり攻撃したりする意図はない。

何か会話がつながる話題がないかと探る意味でクソデカ主語を使っていることが多いのだ。でもやはりクソデカ主語への不快感というものはある。ただしその不快感も、クソデカ主語自体への不快感というよりは、客観性を欠いている自覚がなく「**それが当たり前でしょ**」と決めつけた態度に対するものなのではないだろうか。

人と会話をするときに〝クソデカ主語〟の引き出しが豊富にそろっていればいるほど相手に合った話題を用意でき、会話も弾む。その引き出しを増やそうとせず、自分の中だけで完結させようとすることが不快感へつながっているのだと思う。

わざと言っているのか、単純にデリカシーがないのか、それとも共通の話題を探しているのか。「なんでそんな言い方するの？」と思わずムッとしてしまう前に、なぜそんな言い方になってしまったのか、自分自身の〝クソデカ主語〟の引き出しを探ってみる必要があるのかもしれない。その中に相手に当てはまる〝クソデカ主語〟があれば冷静に対処できると思うのだ。

だろう会話ではなく、かもしれない対話が大事

では、〝クソデカ主語〟の引き出しを増やすにはどうしたら良いのだろうか。

それは、様々な考えを持つ人と対話をすることであると思う。

私は日々、色んな方のお悩みや質問を聞くことで、自分の〝クソデカ主語〟の引き出しが増えていくのを感じている。自分の経験だけでは補えない様々な体験を、話を聞くこと

で疑似体験し、自分の中の偏見が少しずつ減っているのだ。

そして、そんな私がポッドキャストで不特定多数に向けた話をするときに心がけていることは、「かもしれない運転」ならぬ「**かもしれない対話**」である。

私はこう思ったが、そうとは思わない人がいるかもしれない。と念頭に置くことにより、自分の思想を一度吟味することができる。そして、その上で「**私はこういうタイプなので、こう思うよ**」と表現するようにしている。「高校卒業後、フリーターとしてアルバイトを転々とすることを楽しんでいた女なので」とクソデカ主語に修飾語をめちゃくちゃ付け足すようなイメージだ。もはや修飾語を付けすぎてピンポイントになった、クソチビ主語とも言えるかもしれない。このような修飾語やその考えに至った条件を加えることで、当てはまる人を的確にすることができると思うのだ。

至極当たり前のことではあるが、世の中には様々な考えを持つ人がいて、自分にとっての普通や常識は、別の誰かにとっては異常や非常識なことになり得る。その前提をしっかり認識し、**自分がマイノリティである可能性を意識**しながら「かもしれない対話」をしていきたいものである。

最後に、人は誰しも、年を重ねるほどに「こういうヤツって大体こう」という統計が自己の中で出来上がっていくものだ。それは同じ失敗を繰り返さないために学習しているようなもので、止めることの方が難しいと思っている。しかし、それはあくまでも〝自分だけ〟の統計であり、他人には他人の統計があることを忘れずにいたい。

そんな風にお互いが気遣い合い、時にはそういうものだと諦め合う潔さをうまく使いこなしていきたい。

☆自分も無意識にしてしまっているかもしれない、と省みることで歩み寄る。
☆相手はそう思わない「かもしれない対話」を心がける。

時間感覚の不思議

ゲーム脳

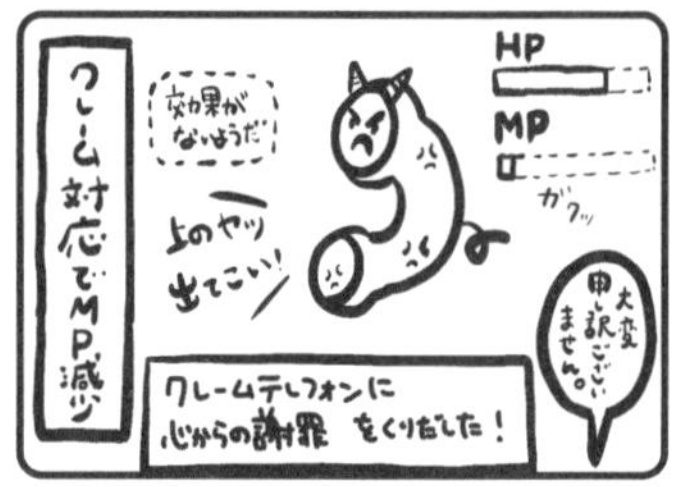

この本では、たとえ「しんどい人間」に出会ったとしても、ゲーム攻略をするように対処できればいいなと思い、全てカードゲームのキャラクターとして描いている。実際に、本編の中でもゲームにたとえた結論や攻略法が多く出てきたと思う。

それは、私にとってゲームが、ゲームをしていないときでさえも、現実世界を楽しませてくれている一因となっていることが大きく関係している。

日常のあらゆる場面において、もしこれがあのゲームの世界だったら……と置き換えることによって、深刻になりすぎずに済むのだ。

それに、ゲームをしていると時間の感覚がなくなるというのも不思議な現象だ。「時間が溶ける」とよく表現されるが、まさに楽しい時間はあっという間に過ぎてしまう。

面倒くさい家事や仕事も、あっという間に過ぎてしまえばいいのにと思いながら、どうにかこうにかゲーム風に演出し、脳をバグらせようと趣向を凝らす日々だ。

しかし、ゲーム脳に浸りすぎると、同僚に「向こうにお客さん、3枚*1……あっ」と思わず"人"ではなく"枚"で言ってしまうことになりかねない(私は言った。さすがに末期だなと思い、ゲームをしばらく控えた)。

思ったことを脳を介さずそのまま口に出すのは非常に沼ジャン*2なのだ。

皆さんも、お気を付けを……。

*1 FPS界隈などで敵の人数の単位を"枚"で言うという文化がある。
*2 キルされる可能性の高い味方のところへわざわざジャンプすること。スラング表現。

3章 グルグルする人間関係

人間関係に正解はない。だからこそグルグルと悩んでしまうものだ。あの言い方じゃない方が良かったかな、ああすれば良かったかなと思い浮かんだが最後、眠るその瞬間まで後悔と自己嫌悪に苛まれる。

果ては、他人から見れば「そんな小さなことで!?」と思うだろうことでさえ、ああでもない、こうでもないと考えてしまうのだ。

そんな私がグルグル考えすぎたあれこれについて語っていこう。

推し活の弊害!?

しんどいレベル 6

古参に怯える にわかファン

スキル 「にわかですみません」

常に低姿勢を見せることで、古参ファンへの気遣いを装いつつ自身を守るシールドを発動させている。
周りの目が気になってしまい堂々とオタ活できない傾向にある。

command

▶ 半年ROMらせる
▶ 歓迎する

attack

罪悪感ダメージ	800
浪費ダメージ	300

私が初めて「ポッドキャスター」として物販イベントに参加したときのことだ。そのイベントは、出店者全員がポッドキャストをやっていることもあり、他の出店者さんのファン同士が行き交う、軽いオフ会のような楽しい雰囲気だった。ずっと応援してくれていた人から、最近知ってくれた人、初めて知ったという人まで、ごった煮状態である。

その中でもひと際気になったのが「最近知ったにわかなんですが」と言いながら歩み寄ってくる人たちだ。なぜか総じて申し訳なさそうな表情を浮かべているのが特徴的だった。最初のうちは、声をかけてくれたことへの有り難みと新鮮さを感じていたのだが、あまりにもその「にわかですみませんが」と前置きの言葉を言う人が重なったこともあり、

「全然、にわかでも良いのに⁉」

と返事をしてしまいそうになった……。

誰しもが新参から始まり、にわかを経て古参へと移り変わっていく。

つまり、にわかは途中経過を表す状態。どうしても肩身の狭い思いを抱いてしまうのか

もしれない。しかしそれは、心のどこかで、

にわかは悪である

という概念が根付いてしまっているからこそ、そう感じてしまうのではないだろうか。

推し活が「好き」のマウント合戦へ!?

先述した物販イベントでは、お客さんに対して「胸を張ってくれればいいのに〜」と気軽に言い放つことはできなかった。

確かに私も、自分の好きなアーティスト、漫画、映画などを積極的に発信する方ではなく、そのほとんどのものに対し〝にわかである〟と思っている。共通の趣味を持ったファンコミュニティに属した経験もなく、「好きなものを語る楽しさ」よりも「**好きなものを**

語る抵抗感」を常に小さく抱えている方だ。

「推し活」が流行語になるほどのこの時代に、なに逆張りしてんだと自分でも思うが、その根本にあるのは、**「そのコンテンツについて詳しくなければ好きと言ってはいけないのではないか**」という自意識だと思う。

誰に制約されたわけでもないのに自ら枷(かせ)をかけている愚かさを自覚しつつも正直な気持ちなので仕方がない。

好きなものは好き！ 理由なんかない！

で終始しても良いはずなのに、いつの間にか「好きなら知っていて当然」「その程度の知識で好きと言わないでくださる?」というマウント合戦に怯えるようになってしまった。

実際はそんな合戦は起きていないにもかかわらずだ。

「半年ROMれ」と教科書（まとめスレ）に書いてあった

「半年ROMれ*」には、場の空気を掴んだ上で発言をするように改めろという意味合いがある。古参者にとって、にわかの許せない行動の一つとして「知ったかぶり」がある。浅い知識で語ろうとするのはタブーだ。学生時代、通学の電車の中でまとめスレを読み漁っていた私は、〝それが新参者のマナーである〟という**一種の洗脳を受けていた。**

しかしどこまでの知識を蓄えれば許されるのだろうか、一体誰が認定してくれるものなのだろうか。結局、半年が過ぎてもROMってしまう。

YouTubeのコメント欄一つ一つにグッドマークの評価ボタンがあったり、通販サイトのレビューにも評価ボタン、どこもかしこもレビューをさらにレビューすることができるようになっている。

商品の価値を左右するレビューの中で、より支持されている意見が可視化されていくのは精度が高く感じ、判断に役立つものだと思う。その一方で、特にYouTubeなどでは、支持されることが目的になってしまっているような、グッドボタン稼ぎコメントなども散見される。もはやコメントがしたいのか、グッドボタンが欲しいのか、本人でさえも分からなくなっているのではないかとすら思う。

今のネット社会において、何かを発信した時点でそれは誰かの評価を受ける対象となり得る。だからこそ、好きなものについて発信することで〝それを好きな自分〟を他人にジャッジされることが怖くなっているのではないだろうか。

「にわかだから黙ってマナーを守ろう」という暗黙のルールを大義名分にして、実は傷つきたくない、面倒であるというのが本音なのかもしれない。

（＊）ROM……インターネットの電子掲示板やメーリングリストにおいて、自らは投稿せずに、他の参加者のコメントやメッセージを閲覧すること。和製語「read + only + member」の頭文字から「ROM」と略し使うようになった。

3章

侮るなかれ「にわか」の拡散力

このまま**好きという気持ちを秘めておくのが気楽で良いや**と思う反面、「よく知らないけど良いと思った！」という意見が寄せられる器の広いコンテンツこそが、爆発的な影響力を持ち得るのではないかとも思う。予備知識無し・説明不要で楽しめるコンテンツは、より多くの人に知られ、より多くの〝にわか〟を誕生させる。そしてその〝にわか〟がまた新たな〝にわか〟を呼ぶ数字の説得力となるのだ。この相乗効果が、バズるということなのかもしれない。

古参ファンからすると、知ったかぶりや間違った情報の拡散をしてしまうにわかファンの行動で、畑を荒らされたような気持ちになり、苦手意識を抱いてしまうのだろう。

しかし、実際にそのような素行の悪い人は全体のほんの一部だ。そうではない、大多数のにわかファンが口を閉ざしてしまっていては、コンテンツ・ジャンルが新たなにわかファンに見つかるチャンスを逃しているも同然である。それに、作り手としてはむしろ、にわかであるからこそ言える、しがらみのない意見は積極的に欲しい。詳しくない立場だからこそ見えてくる改善点もきっとあるだろうと思うからだ。

「にわかですけどこういうところが良いと思いました」という意見は、これから、新たなにわかも辿る可能性の高いポイントでもある。**にわかの発言はコンテンツの成長にとても重要なのだ。**極端に表現するならば、「自分が嫌な気持ちになりたくないか、コンテンツが衰退するか、の二択ならどうする？」といったところだろうか。そのファン自身の愛や熱量が試される二択だ。私なら「好き」だけではとどまらない、「応援したい！」という気持ちこそ大切にし、行動に示していきたい。にわかファンは一時の恥を捨て、堂々とそのコンテンツが好きだと言う、古参ファンはその声を受け入れ一緒になって楽しむ、それが応援の声を広げていくことにつながる……。

もしかしてこれが「推し活」？

3章

出会えた喜び　一緒にハンズアップ

考えてみると、「にわかですみません……」と会って早々申し訳なさそうにされてしまったのは、こちらが敷居を上げてしまっている可能性もある。

「一見さんお断り」の張り紙が貼ってあれば分かりやすいものの、実際には、どう思っているか分からないお店に顔を出すのには物凄く勇気がいるだろう。これからは「一見さんよっといで」の張り紙を顔に貼り付けて歩いた方がいいだろうか……。にわか、新参、古参などの隔たり合戦が起こるのは、フィールドを管理するこちら側の責任でもある。「そもそも隔たりなんぞ無い」はずなのだが、当事者にしか見えない壁はあるのだ。コンテンツを作る側もその認識を忘れず、壁を壊すような工夫を逃さないようにしたい。

にわか新参古参関係なく、初めて対面するときに「すみません〜」と申し訳なさそうにするより「お会いできて嬉しいです」と会えた喜びを表現した方がお互いに嬉しいはずなのだ。作り手としてどうやったら上手く巻き込めるか、一ファンとしてどうしたら何も考えずにブチ上がれるか。

その場にいる全員沸かせてこそのプロ

とでも言うかのような作り手のスタンスこそが、「にわかですみません……」問題を変えられるのかもしれない。

攻略のヒケツ

☆ **器の広いコンテンツにはにわかの拡散力による「バズり」がある。**
☆ **応援の気持ちだけにフォーカスする。**
☆ **出会えた喜びを伝え合う。**

真面目がコンプレックス!?

しんどいレベル **40**

なんでも真面目に受け取っちゃうヤツ

スキル **ド真剣白刃取り（成功率0%）**

頑張りが空回りしてしまう性質を持っている。
冗談や励ましの意図が見抜けず、かけられた言葉を額面通りに受け取ってしまう。意図せず相手にドン引かれていることが多い。

command

- ▶ 声をかける
- ▶ 見守る

attack

慎重な言葉選びの必要	2500
気遣いダメージ	2200

皆さんは〝真面目〟にどういう印象を抱いているだろうか？

誠実、しっかり者、完璧主義、冗談が通じない、傷つきやすい、言葉を真に受けてしまう……。連想する単語を並べていくごとに、私はしんどい気持ちになってきている。なぜなら私は〝ゆとりフリーター〟と名乗っておきながら、バイト中の勤務態度はむしろ全くゆとりが無い、超絶せっかち人間だからだ。

レシートは切れていないか、商品の補充は間に合っているか、よし今のうちに少し確認してこよう！と、先回りしてこなそうとするばっかりに、動きに無駄が多い。

しかし世間は、私が先回りしていることを「真面目だね」と評価するのだ。

そう言われると聞こえはいい。私も「これで良いのかな」と安堵してしまう。

そう、〝安堵する〟のだ。

私が完璧に仕事をこなそうと思う一番の理由は、夜寝る前に「**あっあの仕事今日やり忘れた！**」と思いたくないからである。少しでもそんな雑念が過れば、目はギンギン。もはや毎日の安眠のためにキッチリ仕事をしようとしていると言っても過言ではない。

そんな自分本位の「真面目さ」は時として、周りの目にはプレッシャーに耐えているように映っていることがある。仕事の最中に、職場の上司や先輩にこう言われるのだ。


「そんなに真面目にやらなくて良いよ」

……???


真面目にやらなくて良い？　仕事を？

優秀なビジネスマンが言う〝遊ぶように働く〟みたいな？

それって一番難しくない⁉

と、このように私は「真面目にやらなくて良い」と言われると、なぜか一番難しい要求をされているように感じてしまうのだ。

相手からしてみれば、励ましの言葉のつもりが、こんな解釈をされるとは思ってもいないだろう。自分のことながらひどく同情する。「言葉を真に受けてしまう」真面目な性質を持った私のような人はどのように生きていくのが良いのだろうか。

真面目コンプレックス諸君、真面目になりすぎないようド真面目に考えていこう！

「真面目にやらなくて良いよ」と言われたときの話

私がトイカプセル（ガチャガチャ）店でスタッフとして出勤して3日ほど経った日のこと。役職持ちの明るい社員のおじさん（通称：役餅さん）が見回りに来た。週1でやって来る、何者かよく知らない偉い人はどのバイト先でも度々出没する存在だ。その日も、「バイトあるあるだな」くらいにしか思わず、特に意識することなく、仕事を続けていた。

まだ入りたてで作業を覚えるのに必死な私が、一生懸命ガチャガチャ売り場を掃除していると、役餅さんが「商品の価格を見ながら掃除していくと良いよ」と話しかけてきた。

突然話しかけられたことに驚きながらも「あっはい！」と答えると、

「慣れてくると、この商品は何円台のやつだなって見るだけで分かるようになってくるから。そうすれば筐体の『100円玉○枚』っていう価格表示の間違いがあったときに、すぐ気付けるようになるよ」

という、至極全うなアドバイスをくれた。

ガチャガチャという概念そのものに興味があった私は、プロの助言のありがたさに思わず両手を合わせたくなった。

「ありがとうございます！　これから、勉強させていただきます！」

と心の底から思ったままを伝えた。すると、役餅さんはこう言ったのだ。

「いや、そんなに真面目にやらなくて良いよ～！楽しんでやってもらうのが一番だからさ！」

えっ、どっち～～？？？

「じゃあなんて言えば良かったの!?」と、心の中はケンカ腰に。さっきまで感じていた恩義はどこへやらである。私が想像以上に優等生な返事をしたことに役餅さんが引いてしまったのか、自身が急に全うなアドバイスをしてしまったことへの照れ隠しなのか、と今なら色々と想像できるのだが、そのときは反射的に少し悲しく、否定されたような気持ちになってしまった。

なぜ真面目にやらなくて良いと言われると悲しくなるのか

もちろん相手に悪気はなく「堅くならなくて大丈夫だよ」と、優しさから声をかけてくれた言葉ではあると思う。

しかし、私にとって、「真面目にやらなくて良い」と言われるのは、「机の上ではしゃいで良いよ」と言われるぐらい困惑することなのだ。そして何よりも、自分自身が真面目であることを短所だと思っていることにも原因がある。

以前、また別のバイト先で働いていたとき。控室で休憩をしていると、いつも労いの言葉と一緒に飴をくれる先輩に「**真面目に頑張りすぎないでね。もっと力抜いてやって良いんだよ**」と、声をかけられた。情緒が乱れているときであれば間違いなくその場でブワッと涙があふれたに違いない。しかし、そのときの私はというと、

頑張りすぎている自覚が全くなかったのである!!

私は自分が周りからどう見えているのかが分かっていなかったのだ。

それからというもの、真面目であるということは、**視野が狭くなって周りが見えなくなってしまう＝短所であると**思うようになった。

だからこそ、「真面目にやらなくて良い」と言われると、優しさを感じると共に、また周りが見えなくなっていたのか、と反省してしまうのだ。

「頑張らなくて良いよ」と言ったときのこと

このガチャガチャでの一件をきっかけに、実は自分も似たようなことを言っていたことを思い出した。それは、バイト先の後輩にある業務を教えたあとのこと。「分かりました！頑張ります！」と意気込まれて、とっさに「そんなに頑張らなくて良いよ」と言ってしまったのだ。

これは、これまでの話で言えば、後輩の意気込みを否定している形になる。言うべきではなかったかもしれないと、さっそく真面目に反省しかけたのだが、これはチャンスでもある。自分がなぜ「頑張らなくて良いよ」と言ってしまったのかについて考えてみれば、「真面目にやらなくて良い」という言葉の意味が分かるかもしれない。

そこで、そのときの心情が2パターンあることに気づいた。

①「頑張る」という言葉の扱いを繊細に感じている

自ら「頑張る」と宣言することや、他人から「頑張れ」と言われることに対し、私は人一倍警戒しているところがある。人によっては気張って無理することを推奨しているという意味合いにも受け取れると思うからだ。

相手を応援している気持ちを表すときや、自分を鼓舞したいときに「頑張る」という一言で表すのは簡単ですごく便利なのだが、頻繁に使うほど暗示にかかりやすいように思っている。

私が「そんなに頑張らなくて良いよ」と声をかけた根底には、後輩に対し、**ストレスを抱えないようにして欲しい、**という気持ちがあったように思う。

②経験則からの助言

感情的な理由から来る「①のアンチ頑張る論」とは打って変わって、もう一つはより機械的に判断した結果、情報としての「頑張らなくて良い」を伝えた、という意図を考えていきたい。

後輩よりも業務の優先度や重要度が分かっていることもあり、全体を見てここは張り切り時かどうかを分析し伝えたのだ。それに、少し肩の力を抜いているくらいの方がパフォーマンスが良いと感じることはないだろうか？　つまり、「頑張らなくて良い」というのは、後輩の頑張りたい気持ちを否定するつもりは無く、ここは頑張りどころではないよと先輩として、ただ事実を伝えたかっただけなのだ。

時には「真面目じゃないフリ」も必要かもしれない

「頑張らなくて良い」を私が言われた「真面目にやらなくて良い」に置き換えて考えてみると、ここは真面目にやるところではないよという事実を伝えたかったということになる。

真面目にやる・頑張ってやるということは、どちらも肩肘張ってしまい視野が狭くなってしまうことも多い。それに、創作が必要であったり、チームワークが必要とされるような職場においては柔軟さも求められる。

きっと、もっとスムーズに社会を渡り歩くには、時には「真面目じゃないフリ」をするくらいの方がちょうど良いのではないだろうか。真面目な人間に、いきなり「真面目じゃないフリして！」なんて言うと混乱させるだけだとは思うが、例えば言い方だけでも変えてみるのはどうだろうか。

「真面目にやらなくて良いよ」と言われたら「は〜い」と語尾を伸ばし気味にしてみたり、「まじっすか！」と草をはやす程度のペラさで返してみたりする方が、相手もホッとしてくれるような気がする。

これまでの私に対する数多の「真面目にやらなくて良いよ」への本末転倒な返答にお詫び申し上げつつ、これからはもっと適当にやりま〜す。

いえしい！　ぴしすぴしす!!

本当にこんな締めで良いのだろうか……。
真面目じゃないフリを真面目にやるのは、案外難しい。

☆「真面目にやらなくて良い」には「肩の力を抜け」の意図もある。
☆時には真面目じゃないフリも必要。

3章

私の顔覚えられてる!?

しんどいレベル

15

グイグイ話しかけてくる店員

スキル **お客様対応120％**

常連客に話しかけてくる、とんでもなくコミュ力が高い店員。かと思いきや、特に何も考えておらず、つい口が滑っただけの場合もある。話しかけられたお客側はフリーズしてしまうことが多い。

command

- ▶照れる
- ▶避ける

attack

今後の利用への迷い	1500
認知への恥ずかしさ	3000

利用しているコンビニや飲食店の店員さんに「いつもありがとうございます」と言われた瞬間、

あっ、この店に来るのはもうやめよう

と思ってしまうことがある。

〝**いつも**〟ということは、これまで私が購入してきた数々の食べ物、洋服、日用品から分かる趣味趣向や、何時ごろに来て支払いは現金で端数は出すタイプ、という行動パターンまで知られていてもおかしくない。いわば冷蔵庫やクローゼットなどの中身を全て見られたようなものだ。

さらには、次回からは顔見知りのていで接してこられるのではないか、と疑心暗鬼にもなる。まるで、一方的に人間関係をスタートさせられた気持ちになるのだ。

店員の立場からしてみれば、「そんなつもりなかったのに」の一言だろう。

決して、店員さんが悪いのではない。行くのをやめようと決意するのは「店員と常連客」

という関係を始める勇気と体力と意欲が私に無いからこそなのだ。

さらにワガママなことに、どのお店でも絶対に嫌というわけでもない。むしろ覚えてもらえて嬉しかったこともある。私にとって覚えられていて嫌だ、と感じるのはある決まった条件下で発動するのだ。

なぜ店員は「あなたを知っている」とバラしてしまうのか

そんな風に感じているのは私だけだと、ついこの間まで思っていた。しかし、意外にも検索サイトの予測検索の中に「**店員に顔を覚えられていた　二度と行かない**」と挙がるほど、世の中には同じことを感じている人がいたのだ。もちろん、全く共感できないという人もいるだろう。「顔を覚えられていたら嬉しい」「顔パスで通じるのは楽！」その意見もよく分かる。だが、「ありがとうございます」に『いつも』と付け加えられることで

あなたの購入履歴は把握してますよ

と宣告されている、と脳内変換される私のような人間がいるように、知っている素振りを見せてしまうことはある種の危険性の高い行為だと思うのだ。ではなぜ、店員はほのめかしてしまうのか？　私自身の経験を元に考えてみようと思う。

①知らないフリをしている方が違和感と判断している

散々やめて欲しいと言っておきながら、実は自分が店員の立場になったとき、お客さんのことを知っている素振りをしてしまったことがある。それは私がレンタルビデオ店で、常連のお客さん相手に会計の度にＤＶＤのセット料金のご案内をしていたときだ。

毎回お決まりの宣伝文句でお得な方を提案するのだが、その常連さんは決まってその足で持ってきた本数しか借りていかない。セット料金の説明なんて常連さん側も空で言えるくらい知っているだろうが、万が一にも「あのとき店員に案内されなかった」などとクレームにならないよう、形だけの案内を続けていた。

しかし1年ほど経った頃、ほぼ毎日顔を合わせていた常連さんでもあったため、ようよう初見のフリで白々しく説明するのに限界を感じ始めていた。毎回同じ質問に同じ回答をさせていることを、なんだか申し訳ないなぁと思うようになったのだ。そしてある日、満を辞してニッコリ笑顔でこう言った。

「こちらの新作と準新作は……あっこのままお会計、ですよね～！」

名演技である。

すると常連さんは、「あ、うん」と戸惑いながら、可も無く不可も無い反応。テンプレの案内から外れたことが嫌だったかどうかは確かめようがない。しかし心なしかその日以降、常連さんはセルフレジを使うようになった気がする。

②別に何も考えていない

正直に言って、店員にお客さんの顔を覚えるな、というのは無理がある。どうしたって覚えてしまうものなのだ。そして、店員側にそれを伝えるつもりがなくてもその素振りで伝わってしまうことがある。

例えば、コンビニでいつもレシートを捨てているお客さんにはそもそもレシートを渡さないといった行動だ。客の立場で考えると、たまにポイントを確認したいときもある。それを確認もせず、会計後すぐにゴミ箱に捨てられるのを見ると「**あ、レシート要らないって決めつけられてる**」と少し悲しくなるのだ。このように、口には出さずとも、このお客さんはいつもこうだからと先回りして動いていることがある。

自身の中で構築した統計に沿って、目の前にいるお客さんを判断した上での行動。要は「この人はどうせレシート要らないだろう」と決めつけている節があるのだ。

お客さんへの解像度が高い統計であればあるほど、洗練された動作でレジ捌(さば)きを行える良さもある一方、ズレた方向にいけばとんでもない失礼にも当たる。その「決めつけ」への嫌悪感から、覚えられていることを嫌だと感じるのではないだろうか。

顔を覚えられていても良いお店

また一定数ある店員心理としては、顔を覚えることで**お客さんに喜んでもらえることがあるから**というのもある。特にアパレルショップや美容院、ネイルサロンなどのカウンセリングが必要とされる職種ならば、店員として求められるスキルの一つでもあるだろう。

しかし、それがより日常的に訪れるお店であればあるほど、覚えられたくないという気持ちになっていく。通勤途中で寄るコンビニ、ランチで行く飲食店、仕事終わりのドラッグストアでの買い物など、購入だけを目的としている場所で「顔を覚えられる」ことに居心地が悪くなるのだ。

考えるに、相互コミュニケーションの必要がないと油断しているからこそ、自分は相手のことを知らないのに、相手は自分のことを知っているという情報量の差に驚き、居心地の悪さを感じるのではないだろうか。

人間関係でボロを出してはいけないという思い込み

おそらく「顔を覚えられたくない」と考えている私のような人たちは、コミュニケーションのオンとオフを無意識のうちに切り替えており、客の立場のときはオフに設定しているのだろう。

「オフのときまで人に気を遣いたくない。だから話しかけてくるな」

これはつまり人と話すときには気を遣わなくてはいけない、ボロを出してはいけないといった完璧主義な性分があるようにも思う。人間関係は真面目に築いていくものだとインプットされているのだ。だが、その根底には、店員を〝人〟ではなく、同じセリフを言うNPCキャラのように認識しているという側面もあるのではないだろうか。

「私」が主人公のこの世界では、名前も知らない店員AはNPCキャラと言えるだろう。

そして、「店員A」が主人公の世界では、私もまたNPCキャラの一人にすぎないのだ。

そう考えると、少しだけ気が楽になったように思う。それに、ＮＰＣならＮＰＣらしくモブを全うしようという意識でいると不思議と「どうせなら名脇役であろう」という気にもなってくる。積極的ニヒリズムならぬ、積極的モブリズムである。

私が某有名コーヒー店のドライブスルーで「今日はこれからお出かけですか？」と聞かれ、「いや、仕事です（笑）」と反射で答えることができるようになったのも、そのおかげかもしれない。「あら大変ですね〜」「いや〜困っちゃいますよね。ハハハ〜」と言っている間に商品を受け取り、次の客へカウンターを譲る、とリズミカルに馴れ合い、去ることができた。普段のテンションから少しギアを上げることになるので、確かに多少疲れる。しかし、違和感なくモブとして対応できたことに、ささやかだが自己肯定感が上がるのを感じた。もしかすると、普段とは違う役（テンション）でも受け入れてもらえる場所が存在したということが嬉しかったのかもしれない。

これなら、またいつものコンビニで「いつもありがとうございます」と言われたとしても、モブ客Ａとして「こちらこそ、いつもどうも〜」と軽やかに返せるような気がする。

きっとそのときには、大根演技ではない自然な名演技が板についていることだろう。

（＊）積極的ニヒリズム……ドイツの哲学者フリードリヒ・ニーチェが肯定した生き方の一つ。世の中のすべてが無意味で無価値なものだと認め、だからこそ自分の価値観や意思を前向きに作っていこうという考え。つまり「どうせやっても意味がない」と思うより、「どうせ無いなら無いなりに楽しんで遊ぼうぜ」的なことである（私の解釈なので、あしからず）。そして、積極的モブリズムとは、自分をNPCキャラの一人だと認め、だからこそモブらしくあれるという考えのこと。日本のぬるい哲学者ゆとりフリーターが、単に語呂が良かったから後付けで理由を考えた生き方である。

☆「客A」というモブ役に徹する心づもりでいる。

☆しんどい理由は「人間関係でボロを出してはいけないと思いすぎている」から。

3章

お菓子配りの妖精!?

カバンの上に ソッとお菓子を置く 先輩

スキル トリート・オア・トリート

美味しいものを分け合いたいという優しさにあふれた行動をとる。
小袋に分かれたお菓子をくれることが多い。
何度もおすそ分けが続くと「返さなきゃ」という気持ちになる。

command

- ▶ もらう
- ▶ もらわない
- ▶ お返しをする

attack

癒し効果	2600
気遣いダメージ	400

皆さんの職場に箱詰めにされたお菓子が置かれていることはあるだろうか？　コロナ禍以前では下火だったお歳暮が、在宅仕事が増えたことでまた再熱しているそうだ。お歳暮もお菓子配り文化のうちの一つだが、今回私が取り上げたいのは、職場で個別にもらう小包装のお菓子についてだ。

もらうシチュエーションは様々。控室などの共有スペースの机の上にメモと共に置かれていたり、休憩時間に直接もらったり。もらうお菓子のバリエーションも様々。旅行のお土産の菓子折から、コンビニやスーパーで買えるようなおせんべい、飴、チョコなど。たまに手作りをもらうなんてことも。

私のバイト先でも、パートさんを筆頭にこのお菓子配り文化が繁栄を極めていた。

そんなある日、いつものように私のカバンの上にソッと供えられていたぱりんこ（三幸製菓）を食べながら思ったのだ。

“なぜ”くれるんだろう。

これまでは「お菓子もらえてラッキー」くらいにしか思っていなかった私も、バイトの度にカバンの上にぱりんこが置かれていると、だんだんと「さすがに申し訳ない」「お返しした方が良いのでは？」と思うようになる。

人はなぜお菓子配りをするのだろうか？

配る人はどういう気持ちなのだろう？

そう意識し始めた途端、私はすでに『お菓子配り文化』の迷路に迷い込んでいたのだ。

小さなお菓子と大きな過ち

『お菓子配り文化』を素直に喜べず、負い目を感じ始めてきた私が実際におかした罪を懺悔と共に紹介していこう。

その日はバレンタインの1週間前で、いつものぱりんこがチョコになっていた。しかもそれは丁寧にラッピングされた小振りで高価そうなチョコだった。「いつもお世話になっています」の手紙まで添えられ、完全に私に向けて贈ってくれているものだった。

恐れ多すぎる。

なぜなら私は、元々こういう行事で問題になりがちな「○○ちゃんにはもらったけど○○ちゃんからはもらってない」的なやつが面倒で**『万年もらう専門』**として、チョコレートを用意していなかったのだ。

しかもバレンタイン当日ではなく1週間前。シフトをチェックし逆算するとこの日に渡すのがベストと判断した模様。その用意周到さと繊細な気遣いは、私の「**こんなにしてもらったら返さなきゃ**」という気持ちを加速させた。しかし、今お返しできるものは無い。しまったという気持ちを抱えながら、それでもお礼はすぐに伝えようと、

「**お菓子、ありがとうございました！ いつもすみません！ 今度ホワイトデーにお返ししますね**」

3章

お分かりいただけただろうか。

負い目や「嫌われたくない」という怨念が、余計な一言へと姿を変え、こちらをじっと見つめているのが。「お返ししますね」という言葉の裏には、「**嫌なヤツだと思われたくない**」という私の心がまざまざと表れている。妖怪のしわざとして、思わず目をそらしたいぐらい、自分でもなぜ言ってしまったのか分からない。そして案の定、相手に気を遣わせてしまい、意図していなかったただろう返事を言わせてしまったのだ。

「**いやいや！ そういうつもりじゃないから！ 全然、もらってもらって**」

結局、私がお返しについて言及することにより、まるで見返りを求めてチョコを渡していたかのように位置付けてしまった……。

以上の経験からも、もらう側の憶測は結局ただの憶測にすぎないことが分かるだろう。しかし、これではあげる側ともらう側は分かり合えないままだ。そこで私は、「ならいっそのことなんで配ってくれるのか聞いたらいいんじゃね!?」と思い立ったのだ。

「なぜ配ってくれるのか」聞いてみた

まともなお返しを一度もしたことがない私はバイト先の先輩に「**どうしていつもお菓子をくれるんすか？**」などと質問する勇気はない。

そこで自らのSNSを駆使し、我こそは「あげる側」である、という方を募集しインタビューを行った。その結果、次々と驚きの動機が発覚したのだ。例えば、

・コロナ禍以前はよく手作りお菓子を配っていたというAさんは、

「**おいしさを共有したい**」

・箱アイスを職場の冷凍庫に置いているBさんは、

「**減り具合を見てどのアイスが人気なのかと分析している**」

状況や動機は様々だが、私が話を聞いた方は共通してお菓子配りへの見返りを求めていなかった。さらに驚くことに相手が〝返さなきゃ！〟と思ってしまわないように、手作り

のお菓子のみを渡すようにしている〟とのこと。

なんということでしょう……。

「あげる側」は、想像以上にまっすぐで純粋な気持ちで渡していたのだ！

もらう側のマインドセット

以上を踏まえて、もらう側は「あげる側は見返りを求めていない」と信じて疑わない振る舞いをする方が良いと考えた。

実際にあげる側が腹の底で見返りを求めているかどうかは別だ。大半は純粋なGIVEであると私は思っているが、人によって真意は分からない。

分からないものは分からない。

だからそのままでいい。図太く、ラッキーと思って美味しくいただこう。

「もらっちゃったラッキー」の精神でいれば、お菓子をもらえないのが普通で、もらえることが異常、という自分の中のものさしを修正することができると思う。

そして、最後にもう一つ教訓を掲げるとすれば、もらったら「ありがとう」で良い。

「いつもすみません」と言いたくなる気持ちは分かるが、私の経験にもある通り、この言葉に続く言葉は決して明るいものとは言えないだろう。

お菓子配り文化は物々交換が目的ではない。

人と人の心がつながるためにあるのだ！

☆もらっちゃったラッキーぐらいの図太さで良い。

☆もらえることが当たり前であると思わない。

☆もらったときは「ありがとう」だけでOK。

3章

しんどいレベル **30**

ネット恋愛に潜む ハニートラッパー

スキル 恋は盲目イリュージョン

話の8割は盛っている。なんなら自撮りも加工アプリで盛っている。一見、容易く見抜けそうだが、華麗な話術に翻弄され騙されていることが多い。はじめの見極めが肝心。

command

- ▶ 見極める
- ▶ 逃げる

attack

金銭ダメージ	3500
SAN値ピンチ	3282

今やネットを通じた恋愛結婚はすでに市民権を得ているように感じる。マッチングアプリでの結婚、Twitter婚、APEX婚など、「共通の趣味を通じて出会える」という利点が大きい。もちろん中には「会ったこともない人のことを好きになるなんて」などの懐疑的な意見もあるだろう。

ある記事によると、今は4人に1人がネットで出会った相手と恋愛をしているそうだ。さらに、恋愛や婚活が盛んな20代になると、その割合は約3人に1人に。確かに現在の20代〜30代にとって、ネットは幼い頃から身近なものであり、コミュニケーションツールの一つだ。ネット恋愛が普通となりつつあるのもうなずける。

世はまさに大マッチングアプリ戦国時代。メッセージのやり取りを数回しただけの人と、実際に二人っきりで出かけるというのはもはや当たり前。はたまた学校や職場で「リモート会議でしか会ったことないけど」ということもあるのでは？　と漫画の設定にありそうな妄想を膨らませ、個人的に胸をトキメかせている。もはやネット恋愛というカテゴリー分けさえもすでにあって無いような時代が到来しているが、ここで、まだまだネット恋愛への認知度が低い時期に奮闘していた私の経験談をありのままに話したいと思う。

古きを温めて新しきを知ってくれよな！

ネットで知り合った人に2万円を貸した私

ネットを介した出会いは安全圏内からやり取りができるため「**気楽で楽しい**」というメリットがある。しかしその反面、「**実際に会うのが怖い**」「**周りの反応が気になる**」と感じる人も多く、気軽でありながら障壁を感じるのが特徴だ。

実は私はネット恋愛で両極端の経験をしたことがある。まず、最も怖い経験だったのは、ネットで知り合って数週間の人と直接会ったときだった。当時、私は一人暮らしの寂しさからランダムで色んな人につながる通話アプリをやっていた。

当時を振り返って、暗黒期だったと自分で思うこともあるが、通話アプリでは探偵業をしているという人、電話越しにギターの弾き語りを始める人など色んな人と話すことができて面白かったのだ。その中でも特に会話が弾んだ、とある社会人の男性がいた。

その男性がたまたま私の住んでいる地域への出張が決まったということで急遽会ってみることに。不安もあったが、音声を介して知り合ったこともあり、まぁ人柄は大丈夫だろうとやや楽観的に思っており、もしかしたら恋愛に発展しちゃうこともあるかも〜？　という1割くらいの下心もあった。

しかしその気持ちはすぐに打ち砕かれることになる。

待ち合わせの駅のホームでその姿を確認した瞬間、私は足がすくんだ。

夏の暑さからかピチッとしたタンクトップ一枚で待つその人の腕には、たいへん立派な龍が飛んでいたのである。

そう、ドラゴンタトゥーの男だ。

「わーバックレようかな……」と思ったときにはすでに遅し、目が合ってしまった。そのまま方向転換するわけにもいかず、「ど、どうも～」と横目でタトゥーを捕らえながら挨拶をすると、**龍は腕から背中にかけて飛んでいた。**

もちろん、ファッションタトゥーの可能性もある。しかし彼は、圧倒的なガタイの良さを持っていたこともあり、ドラゴンの圧も倍であった。逃げ出したくてたまらなかったが、

逃げるのも怖い。

ギリギリの平然を装い、事前の予定通り2人で飲食店に入ることになった。

話し始めると、ドラゴンタトゥーの男、いや、少しでも可愛さが出るよう、ドラさんと呼ぶことにしよう、そのドラさんはいつもの通話と同じで親しみやすかった。やはり人を見た目で判断してはいけないと、反省しつつ会話を続けていると、話はドラさんの身の上

話に。「元カノが自分の財布から大金を盗んで蒸発した」などを筆頭に、だんだんとブラックな話が繰り広げられていく。やっぱり帰りたいと切実に思いながら「ハハ……」とやり過ごしていると、ドラさんが急に「仕事着を自宅に忘れた」と言い出した。

出張なのに？　と思ったのも束の間。

「明日の朝までにこっちで買いそろえないといけないからさ、2万円貸して？」

すぐに貸した。

突然の話題転換の後、ATMにはなぜかお金が無いこと、2万円もかかる仕事着の内訳が謎すぎることなどもうどうでもいい。『早くこの場から逃げるには貸してしまえば良い』と思ったのだ。

元気いっぱいに**「うん！」**（返さなくて良いので逃がして！）と深追いせず、2万円を渡した。その後、ほとぼりが冷めた頃にソッとブロックした。当時はただただ縁が切れたことにホッとしていたが、今考えてもこれで終わって良かったなと改めて思う。

ネットで知り合った人と結婚した私

そんなネット恋愛に良い思い出の無い私だが、実は現在の旦那ともネットがきっかけで出会っている。私がポッドキャストという音声媒体で発信していることとも関係しているが、この活動を始めた２０１６年頃は音声配信アプリのライブ機能を使っていた。そのアプリを旦那も配信者として使っていたのだ。視聴者数の少ない、いわゆる過疎配信者同士の私たちはお互いの配信をリスナーとして行き来するようになり、やがて個人的に連絡を取り合うようになった。

顔は知らないが性格はなんとなく分かる、というのがネットでの出会いの不思議さだ。仲良くなっていくうちに住んでいるところが意外と近いと分かり、直接会うことになった。ドラさんの一件でネットで知り合った人と会うことへの警戒心はあったが、好奇心の方が勝ったのだ。

会ってみると、もちろんマッチョのドラゴンタトゥー男ではなく、彼は丸メガネぽっちゃりだった。そして、合流後に飲食店へ入ると「あ、自分こういうものです」と律儀に名刺を渡してきてくれたのだ。後で聞くと、社会人になりたてで浮ついていたのか、ただ単に配りたかっただけらしいが、そのとき、本名はもちろん職場や電話番号などの個人情報が記載された名刺を渡され「やっぱり、この人はドラさんと全然違う！」と、とてもホッとしたのを覚えている（今思えば、名刺を偽造することもできるだろうしこれだけで完全に信じるというのは危ないけどね！）。その後、なんやかんやで結婚して、今に至るのだが、ここでは割愛する。

以上を踏まえると、ネットは良くも悪くも、知り合うことのできなかったはずの人と出会える場でもある。だがその分、まず第一に、**『怪しくないかどうか』の見極めが必須**になっているように思うのだ。

3章

ネット恋愛、実際どうなの？

ネットは多くの場合、趣味や思想が合う人と出会いやすい傾向にある（もちろん、出会う媒体にもよるが）。実際に私は思想が近いパターンで「自営業の家庭に生まれた」「デザイン業」などの境遇の一致があり「自営業の家庭あるある」で盛り上がったのが始まりだった。しかもそれを（ネット上で）知り合ってすぐに打ち明けあえたというのが、音声配信ならではだったように思う。匿名だからこそ言えることを先に知っているおかげで距離が縮まるスピードが早かった。

ただ、恋愛というものは得てして当事者間だけの問題に収まらないことがある。幸いにも私の場合は、両親が干渉してこないタイプだったので「それがイマドキなのねぇ」程度で済んだ。友達も大体が類友だったのでありのままに話しても特段何も言われなかった。しかし、「これが世間一般の反応なのか!?」と思った苦い出来事がある。

それは、当時働いていたバイト先に退職の意思を伝えたときだった。私は同棲を機に引っ越すことにしたのだ。遠方になるため、退職したいと伝えた。するとその話に聞き耳を立てていた先輩スタッフに引っ越しの理由を聞かれた。あまりプライベートな話をしたことがない間柄だったので少し気が引けたが「同棲するので」と答えると、「えっどんな人?」「どのくらい付き合ってたの?」と食いつかれ、つい調子に乗って「ネットで知り合った人で」とバカ正直に答えてしまった。

それがマズかった。

「ネットで知り合った」の一言で顔色を変えたその人に、仕事終わりに飲みに行こうと誘われ、そのあと朝まで「その人本当に信用できるの?」「もう少し考えたら?」やら挙げ句の果てには「どうせ別れる」などと弁明の余地もない説教。私はおまえにそんなこと言われる筋合いねぇよと思いつつ、退職する後ろめたさもあり、厄介な人に捕まっちゃったなぁとぼんやりとやり過ごすしかなかった。

3章

ただ単にお酒に酔っていただけか、退職を引き止めようとしてくれていたのか、もしかしたら真意は別にあったのかもしれないが、私はこのとき「今後、ネットで知り合ったことを軽率に言わない」と誓った。

普通の出会いと変わらないところ

まとめると、ネットでの出会いは以下の点が挙げられる。

・出会って信頼できるかどうかの判断までが不安
・ネット恋愛に理解ある環境であれば良いがそうでなかった場合はハードモード
・本音を偽ることも可能

だが、これは普通の出会いでも当てはまることではないだろうか。
見極めが必要という意味では同じであると思ったのだ。

もちろん、ネットは匿名であるがゆえに悪用されやすい一面はある。だが今なんとなく思っている〝普通の恋愛〟も、一昔前の「お見合い婚が普通」の時代からすれば変わった恋愛だったと言えるのではないだろうか。

外見や行動など、その人を外から形作っているものも、もちろん判断に大事な要素であるが、ネット恋愛では、音声や映像、文章などのツールを使って表現されるその人の感性やセンスを重視して選ぶことができると言えるのではないだろうか。

☆ネットでは「良くも悪くも」色んな人と出会えることを踏まえよう。

☆会う前に「相手の情報をどこまで知っているか」把握しておこう。

3章

親への挨拶

バカだねぇコイツ

「“ゆとり節”の効いた意見をください」とポッドキャストのリスナーからお便りをいただいたことがある。

恐らく、スッパリとした物言いのことを言ってくれているのであろう。しかし、私が思うにそのほとんどは父から遺伝した“えっちゃん節”なのではないかと思っている。

父は情に厚いがドライなところがあった。中学生の頃、携帯の解約の仕方を聞けば「お父さんはお問い合わせ窓口じゃない」と一刀両断。仕事の悩みを打ち明ければ「嫌なら辞めな」と一刀両断。

ちなみに、その父の“えっちゃん節”をしても「変わってる」と表現せざるを得なかった相手が夫であるというのもまた面白い。マイペースこそが最強なのかもしれない。

さて、そんな見事な一刀両断スキルを自然と受け継いでいた私は、「優しい性格」と評されることとは無縁であった。捻くれた自分を自覚しているからこそ、こんな私を支えてくれるリスナーの皆さんには感謝しかない。

3年ほど前に父は他界したが、その物言いや姿勢は、今もなお私の中に残り続け、“ゆとり節”として皆さんに届いているのであれば、なんだか誇らしくもある。

優しい性格とは自分でも思っていないが、私に初めて「○○(私の本名)の良いところは人の気持ちが分かるところ」と言ってくれたのは、父だった。なぜか夜寝る前に真剣に伝えられたので強く印象に残っている。その唐突さはよく分からなかったが、だからこそ嬉しかった。なんだかんだ子煩悩でもあったのだ。

私はその言葉をいつまでもお守りのように持っている。

4章

1周まわって面白い人間関係

どう付き合っていくかを考えて考えて、ある日1周まわって面白くなるときがある。結局のところ、「あっ、この人はそういう人ね」と受け入れることができれば、ちょうどいい付き合い方というのは自ずと見えてくるのだろう。最初はムカッとした人、モヤッとした人、グルグル考えすぎた人を最終的に「面白い」と思うことができたなら、もはや私の勝ちである。この章では、私が出会った1周まわって面白い人たちについて話したいと思う。

しんどいレベル **42**

なんだか憎めない楽観主義すぎるヤツ

スキル ラブ&ピース

“楽しい方が良い”というポリシーを持って生きている楽観主義者。協調性を求められる場所では浮いていることが多く、コントロールすることは不可能。関わると面倒だが、傍から見ている限りでは面白い。

command

- ▶ 一緒に楽しむ
- ▶ 距離を置く

attack

ジーンズのダメージ加工	2600
方向性の違いで解散率	1500

私の働いていたあるバイト先にハリウッド俳優の卵みたいな雰囲気のイケメンバイトがいた。確かヨーロッパ周辺のクオーターらしく、長い手足で、鼻が高く彫りが深い。くるくるなクセっ毛は天然パーマだと本人は言っていたが、オシャレでセットしているようにしか見えない。片田舎の小さな店には不釣り合いなほどに整った容姿だった。

ユニクロのウルトラストレッチスキニーフィットジーンズでも穿(は)いてエビぞりジャンプでもすれば、その瞬間がポスターにされていても違和感はない。

しかし彼は私の期待するウルトラストレッチスキニーフィットジーンズではなく、少しダボっとしたウォッシュ加工が入ったジーンズをいつも穿いていたため、私は彼を心の中でウォッシュと呼んでいた。そのウォッシュ加工のジーンズですら絵になるほど着こなしていたのだから、彼のカリスマ性がいかにすごかったのかを改めて感じる。

さて、そのウォッシュだが、意外にも職場では全くモテてはいなかった。

それどころか、悪評が蔓延していた。

ウォッシュの魅力とは？

彼はとてもおしゃべりな人だった。人見知りの多い職場では、空気を和ませるおしゃべりであれば大歓迎だ。

しかし彼は話しかける相手に決まって、第一声で「**最近良いことありましたか？**」と聞き、そこで相手に良いことがあろうが無かろうが二言目には「**自分は今日のお昼はコロッケをこんなに食べた**」だの「**久しぶりに洋服を買いに行ったら店員さんにのせられて短パンを買ってしまった**」だの、強引な自分語りをするので大変タチが悪かった。

やがて話すことが無くなったかと思えば仕事中に「トイレに行ってきます」と言ったきり30分は帰ってこず、そこでスマホをいじっていたりするのだ。

悪評が立つのも仕方がない。しかし当の本人は全く悪びれもせず、まっすぐな瞳で「**だっておしゃべりしていた方が楽しいじゃないですか**」と言う。

倫理観にバグでも発生している？

楽しいのはお前だけかもしれないよとイヤミの一つでも言いたくなるところだが、ウォッシュは職場では群を抜いてお客さんウケが良かった。もうウケが良すぎて「**対応がさわやかで丁寧だった**」とお褒めのメールがウォッシュ名指しで来るくらいだった。本社の偉い人からも一目を置かれる異色のバイトスタッフである。現場では相変わらず煙たがられていたため、ますます色んな意味で浮く存在となっていた。

そんな彼について私はどう思っていたかというと、むしろその空気を読まない生き様に少し好感と興味を持っていた。ただ、やはり距離の取り方を失敗してはいけない要注意人物だとは思っており、このまま遠くから彼の自由奔放ライフを観察するくらいがちょうどいいと感じていた。

そんなあるとき、ウォッシュとシフトが被ることが増えた時期があった。なんとその一時のシフトかぶり期の中で、私は不覚にも彼の恋愛相談に乗るほど仲良くなってしまったのだ。最終的には「僕、ゆとりさんみたいな人と話すの好きなんですよね」と言われるほどの好感度を獲得していた。

私にとって、ウォッシュという人間の魅力とは一体何だったのか。

「楽しい方が良いじゃないですか」論

職場でのウォッシュ不評の理由の一つとしてストレートに「**話が面白くない**」が挙げられる。彼の口癖の一つが「これ前も聞いたかもしれないんですけど……」だったのだが、これは色んな人に同じ話をしているから、この入りだしがテンプレート化しているのだと考えられる。そうして同じ話を違う人（時には同じ人）に何度もしていることからも分かる通り、ウォッシュは人に合わせて話題を選んでいるのではなく、自分主体で話をしているから、面白くない。さらに、ウォッシュは自身の偏った意見をなんの躊躇（ためら）いもなく打ち込んでくることが多かった。きっとこれが不快ポイントなのである。

例えば、「**デートに誘うことくらい誰でもできるじゃないですか**」「**女の子ってなんで自分の親に僕のこと話すんですかね**」など、恋愛関連の話では特段やかましい。

だが、学生時代ファミレスで恋バナをつまみにドリンクバーをあおっていた類の女子だった私は、あの頃を思い出しウォッシュの恋バナには調子の良い相槌を打たずにはいられなかった。すると彼は小まめに「来週はSNSで知り合った女の子と出かける」やら、「イイ感じだった女の子からの悩み相談のLINEを未読無視している」やらを報告してくれるようになった。

どうやら恋愛面でも自由奔放らしい。

「なんで返信したくなくなったの？」と聞いてみると、彼は「**僕、楽しい話しかしたくないんですよね。暗い話したくないんです**」とスッパリ。

な、なんだそれは……!?

相手の暗い部分も受け止め、二人で手を取り合っていくのがまさに恋愛の意義なのではない……っと私の恋愛持論を爆発させてしまいたくなったが、さすがに仕事中にすることではない。

「ハハ……」と流すことでブレーキを踏んだ。にしても、彼の「楽しい方が良いじゃないですか」は一貫してブレず、もはや清々しささえ感じる。

バイト仲間とデートに行くことになったらしい

ある日、いつもの「最近良いことありましたか?」の後に、珍しい発言をした。

「僕、今、**純愛**してます。硬派になります」

急にどうした?

急すぎるウォッシュの宣言に思わず目が点になった。「純愛モノのドラマ」などというのは聞くが、まさか動詞で聞くことになるとは。「純愛」という言葉のこっぱずかしさを顧みない、その純粋な表情からただならぬ決意を感じ、彼の純愛を応援せねばという気持ちになっていた。話を聞いていくと、どうやら同じレンタルビデオ店で働いているアルバイトのAさんに思いを寄せており、2週間後にデートの約束を取りつけたそうだ。

Aさんと私はシフトがあまり被ったことがないので詳しくは知らなかったが、控えめで柔らかい印象の子であり、もしかしたらウォッシュという人間を包み込んでくれるかもしれないと勝手な期待を抱いた。その一方でウォッシュはAさんに変なことするなよ？　と女ボスのように心配をするハメにもなった。

それからというもの、彼は「お肌をプルプルにするためにジョギング始めました！」「デートのために服屋さんで全身コーディネートしてもらいました！」など、まさに私のファミレス時代を思い出すようなピュアな報告をしてくれるようになった。

恋の力はすごい。

しかし、やはりウォッシュはウォッシュだった。Xデーの数日前、私はウォッシュから「相談風 事後報告」を受けた。いつもの質問風自分語りの進化版である。

「初デートってどこが良いと思います？

僕は今度二人で漫画喫茶に行くことになったんですけど」

ま、漫画喫茶あ⁉

どこが硬派やねん‼

と秒殺でツッコみたくなったが、息継ぎなしに言われてしまうと、反論の余地もない。やはりウォッシュという人間は私の想像の範疇(はんちゅう)を超えてくる人物だ。やれやれという気持ちで、とりあえず数日後に迫ったデートの報告を待つことにした。

デート結果

1週間後、待ちに待ったウォッシュとのシフトが被った日、Aさんとのデート結果の報告を受けた。顔を合わせて早々に、彼はまっすぐな瞳で一言。

「なんか冷めちゃいました」

なんか良いことありましたか？　と聞く余裕は無いようだった。

どうやら、デートは失敗に終わったらしい。

ウォッシュは時系列順にその日あった細かいすれ違いをじっくり話してくれた。

彼はヴィーガン（菜食主義者）なのでヴィーガン向けのレストランを予約していたのだが、当日Aさんに「苦手な食べ物は？」と聞くと「野菜全般」と答えられレストランをキャンセルしたこと、借りた映画が実は彼女はすでに見たことがあるタイトルだったこと、タ方には用事があるから帰ると言われたこと、などなど。

聞いていると、どちらかと言えばウォッシュが冷められた側なのでは？　と感じるが、彼が冷めたと言うなら冷めたということなのだろう。これ以上は何も言うまい。

その後、バイト先スタッフの入れ替えが激しくなったことで私とウォッシュのシフトが被ることもほとんど無くなってしまった。ウォッシュの恋と共に、同僚と友人の狭間のような私たちの関係も終わったのだった。

ウォッシュの憎めなさはどこから来るのか

なんだかもう色々めちゃくちゃだったのに思わず彼を気にかけてしまっていたのが、自分でも不思議だ。

ウォッシュという人間の魅力は一体なんだったのだろうか。ふと、彼が誰に対しても「最近良いことありましたか？」と聞いていた理由を思い出した。

それは私がウォッシュに初めて「最近良いことありましたか？」と聞かれたときである。てっきり肌ツヤがよく見えたのかと思い、「エッそんな風に見える!?」と返答したことがある。すると彼は「いや、これみんなに聞いてるんですけど、良いことあったって言う人いないんですよ。なんでなんすかね？」と答えた。

なんだそのアンケート調査！

そこは私の勘違いを察してもう少し気を遣ってもらいたかったところだが、同時に「そうか、この人はただ単に疑問に思ったことを行動に移しているだけだったのか」と思ったのだ。それが私の念頭にあったからこそ、その後ウォッシュが問題行動を起こしても「あぁ、この人は衝動に純粋なんだな」と思うようになっていたのだと思う。

そしてその後の「楽しい方が良いじゃないですか」発言も全て「衝動に純粋である」という性質を裏付けているように思えた。

こういった思想と行動の一致が、ウォッシュを見ていて気持ちが良かった理由なのではないかと思う。言い換えるなら、**「彼には彼なりの筋が通っている」**ところがとても人間的で情が湧きやすかった、といったところだろうか。

ただそれも、こちら側が勝手に思想と行動の一致を見出して、私にとって未知の存在であるウォッシュの思考を分かった気になり、安心したかっただけとも言える。一輪のバラを見て「美しい」と感じるか「トゲが痛そう」と思うかは人それぞれだという話にも似ている。全ては見る人の心が決めるのだ。

そんなことをウォッシュという人間から学んだ。

何千文字にもわたって書き綴ってしまうほどに彼は魅力にあふれていたのだ。そう思うとますます出会えたことにありがたみが湧いてきた。

彼は今、元気で暮らしているだろうか。

風のうわさによると、現在はオシャレに目覚めてイケイケ系ファッションのアパレル店員をやっているとか。

きっと彼ならどんな職場でも、どんなジーンズでも穿きこなせるに違いない。

攻略のヒケツ

★衝動に純粋である人物だと心得よう。

★仕事中の会話は適度に。隙を見て注意しよう。

★度を超す直前のラインまでは付き合ってみても面白いかもしれない。

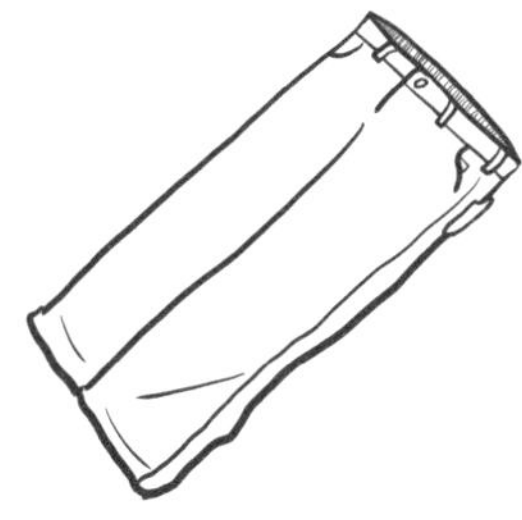

1章 2章 3章 4章

肝が据わりすぎなピュアピュアアルバイト

スキル マニュアル・ブレイク

無知というチート武器を手に、職場の暗黙の了解を打ち破っていくモンスター新人。本人に悪気はなく、ただ単に知らなかったということもある。周りの大人がしっかり指摘することで防ぐことが可能。

command

- ▶ 注意をする
- ▶ ソッとする

attack

職場の雰囲気崩壊	3600
注意へのジレンマ	2200

皆さんは「**暗黙の了解**」というのをいかにして覚えただろうか？

世間一般で言う暗黙の了解と言えば、「エレベーター・電車は降りる人が先」「エスカレーターでは左側は止まり、急ぐ人は右側を歩く、関東と関西ではそれが反転する」など、あえて言葉にしなくとも誰もが了解している社会のルールのことだ。

それでは、もっと範囲を狭くして、それぞれの職場内における「暗黙の了解」はどうだろうか。マニュアルやハウスルールのように会社や組織のために定められたものというよりは、

〝空気を読んでそうしている〟


ルールのことである。

『このロッカーは古株の人が使っているから、新人は使ってはいけない』

『このマグカップは使っても良いけどこっちは使ってはいけない』

『30分前には出勤しなければならない職場、出勤は時間ピッタリでなくてはいけない職場』

通常業務に何の関係もない「暗黙の了解」まで、丁寧に教え込まれることは少ないだろう。むしろ、教える側の方がその職場で働くことに慣れすぎて、「あえて教えることでもない」と判断していることもあるように思う。

しかし、その「**言わなくても分かるだろう**」と誰もが干渉し合わない、独特な空気が蔓延した職場には、得てして最悪の展開が訪れる。

ピュアピュアアルバイトの登場だ。

やる気に満ちた輝く眼をしていたとしても、暗黙の了解を知らないその人は、まるで嵐が通りすぎたかのように、場を荒らすことになる。

「注意すれば良いじゃねぇか！」で一蹴できれば話は簡単なのだが、私は、注意しない人・注意しない風潮の職場を幾度となく見てきた。

なぜ、ピュアピュアアルバイトの暴走が起きてしまうのか。

なぜ、注意せず放置してしまうのか。

ピュアピュアアルバイトの生態報告

そもそも、ピュアピュアアルバイトとはどういう状態の新人を言うか、ここで皆さんと共有したいと思う。

ピュアピュアアルバイトとは、まさに生まれて初めてアルバイトを経験する真っ新な若者のことである。同年代以外の組織やグループで過ごした経験はほとんどない。

新しいバイトに胸を弾ませ、夢に向かってキラキラ輝く新人というよりは、家から近いので選んだというパターンだったり、お姉ちゃんがバイトしていたから、という清々しいほどに正直な理由でやって来るタイプだ。

人見知りはあまりせず、こちらの話に食い気味に「はい」と返事はするが、実際に頭の中に入っているかはイマイチ信用できないようなタイプでもある。

働く分には何も問題はない。社会常識やマナーに問題があっても、人柄でカバーできる人も多く見てきた。しかし、カバーできない、いや、こちらが大目に見たとしても目に余る「**開き直り**」を見せてしまう「ピュアピュアアルバイト」が最も危うい。

それでは実際に私が目の当たりにしたエキセントリックな行動を例に挙げていこう。

それは無知ゆえ？ ルールを破っていくピュアピュアアルバイト

まず、ピュアピュアアルバイトの特徴として〝**自分ルール**〟を強く持っているがゆえに、自分以外の誰かのことを考えていないことが多い。

私がコンビニバイトで遭遇したピュアピュアアルバイトAは、スタッフみんなの荷物置き場である控室をダース買いした2Lペットボトルで占拠していたことがある。そして、出勤するなりその2Lペットボトルをレジ横にどん！ と置き、グビグビやっている。飲み干したらすぐさま控室にあるストックをレジ横に補充。

どんだけ喉渇くんだ！

とも思うが、熱中症対策と言われてしまえば、注意はしにくい。

明確にルール違反というわけでもない以上、わざわざ嫌われ役の注意係を誰もやりたがらず、スタッフ同士見て見ぬフリをするしかなかった。その犠牲となったのは、ダースペットボトルに追いやられて狭苦しい思いをしている我々のカバンである。

そうこうしているうちに、いつしか、Aがペットボトルの飲みかけをレジ横に置きっぱなしにしていく事態へと悪化。そこでようやく、見かねた店長が注意をした。その際Aはキッパリと「喉が渇いたらすぐ飲めるじゃないですか」と主張したそうだ。

明確に自己中！

いっそ清々しい！

そんなことまで書く!? 『ピュアピュア履歴書』事件

あるバイト先で、ピュアピュアアルバイトの卵にエンカウントしたことがある。結局その子と一緒に働くことはなかったので、ピュアピュアアルバイトの卵と表現せざるを得ないのだが、思わずその後の人生を心配してしまうほどのピュアピュアさだった。

そのバイト先では、本来であれば店長などが行う採用面接を、ベテランのバイトリーダーが行っていた。小編成の職場だったこともあり、バイトリーダーが合否の判断に迷う場合は私のようなぺーぺーのバイトにも意見を聞かれることがあった。

今回も例にもれず、履歴書を手に、バイトリーダーが意見を求めてきた。

曰く、今回面接した若者は、こちらの募集条件にも合っていて、動機もこの職種にとても興味があり応募したと話していたそう。聞く限り、文句無しである。

しかし、意に反してバイトリーダーの表情は曇っていた。

「私はこの子、不採用でいこうと思うんだよね」と、手に持っていた履歴書の経歴欄を指して見せた。

経歴欄の最後は「△△年○○学校　入学」という記載だけ。「卒業」などの記載はなかったが、在学中ということでもないらしい。というのも、その経歴欄の空いたスペースをよく見てみると、アリぐらいの小さい字で「友達とこういう理由がきっかけで喧嘩になり、そのとき私はこう思ったのですがこうなってああなってそう……（以下略）」と、自身が退学した理由を枠からはみ出るほどに書いていたのだ。

うーん、バカ正直すぎる！

自分からあえてネガティブな情報を出すなんて、**今カレに過去の恋愛を全部共有しておきたいタイプの恋人か！**

バイトリーダーはこの若者が「退学したこと」ではなく、本来書くべきではない箇所である「経歴欄に長文を書いていること」がダメだと判断したそう。

常識やマナーに人一倍敏感なベテランバイトリーダーは他にも、シフト希望時間帯を書く欄にて、例えば午後1時～と書くのであれば、13時～やＰＭ１時～のように書くのが普通であるが、「1時～9時」と書かれていることが気になったという。

結局、バイトリーダーによる相談風独断の末、バカ正直な若者は不採用となった。

そのとき、ふと私は思ったのだ。

「**こういう子はどのタイミングで履歴書の書き方を矯正できるのだろうか**」と。

書く必要はなかったであろう退学エピソードは、それでも小さい文字で正直に伝えようとしたあの若者の思いが詰まっている。

もし、直接会うことができれば、指摘してあげられただろうか。

きっと今までも誰からも注意をされず、ただ知らなかったというだけで損をしてしまっているのではないか。

ある一人の人生の分岐を目の当たりにし、なんの手も差し伸べられずに、可能性ある若者の芽をつんでしまったのではないかという気持ちに駆られた。

大人になると注意されなくなる？

なぜ、大人になると注意されなくなるのだろうか。

バイトリーダーはあのとき、「仕事の内容を教えたいのに、一般常識から面倒見るのはちょっと割に合わないよね」と言っていた。つまり、そこまで面倒を見るのは仕事のうちには入らない、私の役割ではないとピシャーンと線を引いたのだ。

アルバイトという立場上、時給や雇用形態と業務内容を天秤にかけ、割に合わないと判断するのは確かに納得する。

だが、その一方でそれではあまりにも冷たすぎはしないかと感じる自分もいる。

「大人になると誰からも注意してもらえなくなるよ」と学生時代によく先生に叱られた。

しかし裏を返せば「**大人が注意しなくなっている**」ことの方が問題ではないだろうか？

大人になるにつれ、自分にとって損か得かの選択をよりシビアに迫られるようになる。

誰だって、他人の今後のことより、自分の今後の方が大事だ。リスクを取って注意をすることよりも、注意しないことで楽できる方を選びたくもなるだろう。**誰も守ってくれない社会では、自分で自分を守るリスクヘッジが重要**になってくるのだ。

そもそも、なぜそんな風に自分以外は全員敵だと言わんばかりになってしまったのか。綺麗ごとに聞こえるかもしれないが、やはり誰にでも心をオープンにすることができない世の中は息苦しいものだと思う。そもそも注意する・しないで考えるから、必要以上に労力を感じ、とんでもない展開に転がってしまうかもしれない、という漠然とした恐れを抱いてしまうのだろう。**注意するのではなく、まずは声をかける。**これだけで、見え方や接し方が変わることも多い。誰もが他者と関わっている以上、相手に一歩踏み込んでお互いの妥協点を探すことで、より良い人間関係が築けるのだと思う。

それに、今後も起こり得るであろう、ピュアピュアアルバイトたちのトンデモ行動も、注意をすることで今まで見えてなかったピュアピュアアルバイトの世界観を知るきっかけとなるかもしれない。時には、独自に編み出したやり方で効率よく仕事をこなしていくピュアピュアアルバイトもいるだろう。長く働いているからこそ、当たり前すぎて改善案すら思いつかなかった業務が、新しい価値観を得ることでより良い方法へと変化していくのだ。

「**この作業ってこうやった方が早くないですか？**」と。

常識破りな暴走は迷惑となるが、長年根付いたルールを見直すために必要な破壊もある。

できれば私は世のピュアピュアアルバイトたちのそのピュアさを守る側となりたい。

そうして少しずつ新たな価値観を得ることで自分の成長にもつながっていくのだ。

- **やはり、時には注意が必要である。**
- **「注意しなくては！」と構えるのではなく、「声をかける」と考えてみる。**
- **ピュアな価値観を知ることで自分の成長につなげる。**

しんどいレベル **10**

なぜかエレベーターガールの位置にいる人

スキル お先にどうぞ

感謝せずにはいられない、自分よりも相手優先の立ち回りをする人。
奉仕の精神があふれているように感じられるが、
単にそこが落ち着くからという無意識による行動なことも多い。

command

- ▶ 階数ボタン前に立つ
- ▶ 目礼で感謝を伝える

attack

感謝の気持ち	3900
パーソナルエリア侵害	1200

――エレベーター、それは人々の無意識が表れる空間である。

昨年の年明けのことであった。私は年越しをビジネスホテルで過ごしていた。年末年始のホテルは宿泊客でかなり賑わっており、非日常に胸を躍らせるキッズと、それを制御しようと奮闘する親御さん、さらにコロナ禍というのも相まって、エレベーターという密室では特にピリついていた。

うわっ、人多いな……

と嫌そうな顔で乗り、降りるときは肩で風を切るように出ていく大人。

案の定、ホテル最上階の大浴場でもそのピリついた空気感は消えないまま。私も不思議と伝染したその空気に飲まれ「**なんか嫌だな～**」と感じていた。

翌朝、チェックアウトの時間までゆっくりしたいと思い、千円札を握りしめ最上階にある自動販売機に向かうことにした。エレベーターに乗り込むと、ホテルのルームウェアを着た女性。ボタンはすでに最上階が選択されている。ということは、まさにこれからあの地獄のピリピリ大浴場に向かうのであろう。

グッドラック……

と心の中で親指を立てながらエレベーターに乗り込んだ私は、やや後ろの空間で上に運ばれるのを待った。

そしてエレベーターは最上階に到着。

ふと、昨日は誰もが我先にと飛び出していったのを思い出した。同乗者である彼女の方が微妙に扉にも近い。私は彼女の後に出ようと思い、扉が開くまでそれとなく彼女の動きを注視しながら待っていた。

すると、彼女はその身を翻し「**お先にどうぞ**」と無言のジェスチャーサインを送ってきたのだ。

な、何しつ!?

このお方は自分の都合よりも私を優先してくれるというの⁉

前日に多くの密室ギレを見ていたからか、余計にそう感じてしまった。言語化不可能なキュンを胸に「あっすいません」と言い、私はそそくさと自販機コーナーに向かったのだ。

普段であれば、なんてことない日常風景にも思える。しかし私は彼女のあの一瞬の行動からふと疑問が湧き上がってきた。

よく考えると、階数ボタン前の人ってただ乗って降りるだけの人よりも圧倒的に労働力高くない？

あの位置に立ってしまったが最後。それが使命であるかのようにボタン押し係を引き受けてくれている。思い返せば、私も結構な割合でエレベーターに乗るときは階数ボタンの前にいる。

どうしてこんな面倒な役割を無意識のうちにやってしまっているのだろうか？

そんなことを考えながら自販機に表示された「お札使用不可」の文字を確認し、私はモヤモヤだけを抱えて部屋に戻ったのだった。

エレベーターの立ち位置で人柄が分かるのは本当か

階数ボタン（以下：操作盤）前の人が気を遣うことは山のようにある。

とある階で停止すれば、「誰か降りる人はいますか？　乗り込んでくる人はいませんか？」を言葉にせずとも察知し、さらには駆け込みで近づいている人はいないかと気配のアンテナを立てる。

しかし急いでいる乗客もいるかもしれない、あまり時間をかけすぎないようなるべく手早く判断し開閉ボタンのタイミングを見計らう。これを各階で行うのだ。

ただでさえ息が詰まりそうな密室空間で、ここまでのことを自ら進んで意識的に行う人はいるのだろうか？

まずは性格心理テストなるものを調べてみた。

操作盤の前に立っている人は〝サポートタイプ〟で**人の役に立ちたいという欲求がある**

らしい。さらに、続けてこう書いてあった。その一方で**自分に自信がなくて、人をコントロールしたい一面もある。**

操作盤の前に立つ人はこの〝山のような気遣い〟の対価として自分がそこに存在しても良い状態を作り、自信を得ようとしているのかもしれない。

考えてみると私は、手持無沙汰になると途端に不安になる性分だ。

学生時代のアルバイトでは「次何したら良いですか？　次は？　次は？」と聞きすぎて「仕事振る側も大変なんだからちょっと待ってて」と叱られたこともあった。

どうやら、操作盤前に立つ＝決してポジティブな理由だけではなさそうだ。

もう一つ、気になる要素として挙げられるのは、ビジネスマナーについてだ。

フリーターには無縁のビジネスマナーではあるが、エレベーターの操作は目下の人が行うのがマナーであり、エレベーターに入って一番奥の両端が上座。目的地に着いたら上司などの目上の人から先に降りてもらう、というのがあるらしい。

つまり、自然と操作盤前に立っている人は、ビジネスマナーが染み付いている人という可能性がある。逆に奥側に立つ人は、普段押してもらうことが多い立場の人なのかもしれない。こういった、誰かに指摘されないと気づけない学びを、棚ぼた的に得られたのはありがたい。

最後に、目のやりどころに困って階数ランプを見つめてしまうことについても考えたい。これにはいくつか理由があるそうで、一つはエレベーターで知らない人にパーソナルエリアを侵されている状況の不快感から目をそらすため。

もう一つは「見当識（けんとうしき）」という自分や自分の生活を客観的に捉えるための精神機能で反射的に、今自分が何階にいてこれからどこに向かおうとしているのか状況把握するために、階数ランプを見ているそう。

こう考えてみると、エレベーターというストレス空間における人間の行動は本能的で無意識であることがほとんどなのではないだろうか。そして私がビジネスホテルで遭遇したあの女性が上司でもなんでもない私に対して譲ってくれたのは、ビジネスマナーが身体に染み付いていたからというだけなのかもしれない。

操作盤前にいる人誰しもが献身的であるというのはあまりにも思考にロックがかかっていた。すでに心理学や人間行動学など各種の賢い分野で解明されているであろう習慣や本能がここ、〝エレベーターという日常〟で展開されているだけに違いない。

雑学を詰め込んだ脳みそで意識的にエレベーターに乗ってみた

ネットで得たデータ知識を握りしめた私は核心に迫る思いで、実際の調査をすべく駅ビル、百貨店などのエレベーターに意識的に乗ってみることにした。

そこで確かに人はデータ通り、気まずそうな雰囲気の中、そろいもそろって階数ランプを見つめていた。それに操作盤の前にいる人が必ずしも全員が出るまで自分はここを出ない！　という敬虔な下っ端気質とは限らなかった。全員が出入り口向きにエレベーターに乗っていく。ネットの情報が正しいことを確信し始めていた。しかし、展望タワー行きのエレベーターに乗ったとき、その確信はいとも簡単に崩れることとなる。

私だけが乗っていたエレベーターに、姉妹と思われる小学校低学年ほどの少女二人が入ってきた。彼女らは一体どの立ち位置に行くのだろうか。

すると、迷わずにエレベーター奥に。マスク越しでも伝わる笑顔で手すりにつかまりガラスの向こうにある外の景色を見ていた。私の（心の）メガネレンズは弾け飛んだ。

バカな！そんなのデータにない！

※私の中のデータにないだけである。

アトラクションのようにエレベーターを楽しむ心、彼女たちからしてみればタダで乗れるタワー・オブ・テラーのようなことなのかもしれない。

途端に「人がエレベーターでどのような行動をするのかネタにしてやろう」などと浅ましく乗り込んだ自分が情けなく思えた（と言いながらネタにしているのだけれど）。

そしてデータ崩壊はさらに続いてく

眺めの良い展望タワーから降るときのエレベーターにて。みんながみんな階数ランプに注目している中、ご年配の男性一人だけが視線を落としていた。その視線の先にはベビーカーに乗った赤ちゃん。とても嬉しそうだった。

このようにエレベーター一つとっても、同じ空間を共有していながら全く異なる体験をしている人がいる。その空間をどのように解釈しどのように行動するか決めているのは誰か？　つまらなくしているのは誰か？

紛れもなく自分である。

パーソナルエリアを侵害され「あぁ知らない人怖い……早く出たい」と感じる本能もあれば「エレベーター楽し〜！」という感じ方もある。

どちらもその人の本能的な反射で感じていると思うが、「その場でしか味わえないことを味わおうとしている」後者の豊かさを私は羨ましく感じる。そしてこれは意識すれば楽しい方を選べるのではないか。

無意識の行動を変えることはなかなか難しいように思えるが、意識することで変えられることはある。例えば、私の場合、都会の喧騒が苦手なので、耳栓に近いカナル式のイヤホンをつけて歩くようにして軽減している。これまでに感じてきた無意識の気疲れを自覚し対策することで、今後はそれらを避けることができるのだ。

無意識を意識的に捉えようとすることで、より自分が生きやすい選択をすることはできるはず。そう思い、今度は意識的に操作盤から離れたエレベーター上座に乗ってみた。

しかし、これがなかなか難しい。上座は上座で、目的地の階に着いたときに自分だけが降りる場合、人をかき分けて降りる申し訳なさが半端ない。

気にしすぎかもしれないが、この行動をきっかけにやはり私の聖域は操作盤の前しかないのだと、自分がより生きやすいのはここだったのだと気がつくことができた。

これから、能動的に階数ボタン前を選択することになる私は「その場でしか味わえないことを味わおうとしている」豊かさには一歩近づけたかもしれない。

☆エレベーターという密室ストレス空間では無意識にとっている行動が多い。
☆能動的にいつもと違うポジション取りをしてみると面白い。

挨拶代わりのボディアタック

しんどいレベル 46

タックルしながら話しかけてくるヤツ

スキル **どーん!!**

会話への参加に体当たりを用いる、猪突猛進すぎる人物。
効果音を声に出しながら突撃してくることが多い。
その場を萎えさせているが、本人はアタック成功に満面の笑みである。

command

- ▶ 受け身をとる
- ▶ かわす
- ▶ やめてほしいと頼む

attack

腰へのダメージ	2500
言いにくさ	3000

人に話しかけるときに、どんなアクションを起こすだろうか？「ねぇねぇ」という感じで手を仰ぐ、肩をポンポン叩く、「あっ」と言ってしまうなど、様々な話しかけ方があると思う。その中でも、昔からモヤ～ッとするアクションがある。

皆さんは遭遇したことがあるだろうか？

「どーーん!!」

と言いながら体当たりしてくる女子。

学生時代、ほぼ女子高と言っても過言ではないほどの男女比率で過ごしていたこともあり、女子と言い切ってしまっているが、男性にも同じように体当たりをしてくる人はいるかもしれない。

体当たりとまではいかなくても、挨拶代わりの肩パン（相手の肩にパンチをするスキンシップ）などはイメージしやすい気もする。

さて、このタックル女子。会話に入ってくるのは全然ウェルカムなのに、初動タックルの瞬間に話す気力が萎んでいくというか……私は結構苦手な部類に入るのだ。

トンッと肩が触れるくらいであれば、同性ながら奥ゆかしいその仕草にキュンとするのだが、その体当たりで私が吹き飛ぶくらいの勢いで来るときは、どうしてもモヤッとする。

そして、大体死角からやってくる。

もはや私にとっては絶対に後ろを取られてはいけない存在なのだ。

相手に驚きを与え、自分も多少なりとも痛い思いをするにもかかわらず、なぜこのような行動をとるのだろうか。

ファーストタックル：通学路に出没するタックル女子

ということで、まずはタックル女子が出没したシチュエーションを思い出してみた。

私の初めてのタックル女子は、さかのぼること小学校高学年の頃。ある朝、私は近所の友達二人と登校していた。楽しく会話をしながら歩いていると、突然後ろから「**どーん!!**」**という声と共に体当たり。**いつもは一緒に登校していない、同じクラスの子だった。

「**い、痛～⁉ あ、お、おはよ～**」と挨拶すると、

「おはよっ!!」

と元気いっぱいのお返事。イラッとしながらも「なんて眩しい笑顔なんだ……」と思ったことは忘れられない。

しかし、それまでの楽しい会話はタックルによって中断され、学校に着くまでの道中は彼女の独壇場となった。

タックルを制する者はガールズトークを制する。

振り返ってみると、タックル女子は相手から強引に「おはよう」を引き出し、自然に仲間に入る高等テクニックを使っているんじゃないか⁉ とすら思えてきた。

いや、やっぱり不自然！

セカンドタックル：駅のホームで忍び寄る刺客

次に遭遇したのは高校生のとき。その頃の私は電車通学で、イヤホンを付けてお気に入りの音楽を流し一人の世界に浸るのが好きだった。あえて知り合いに会わない車両を選び、気ままに乗っていたくらいだ。

ある日、多くの乗客が降りていく混雑した駅のホームで、突然何者かにグイッとリュックの肩紐を力強く引っ張られた。身体ごと後ろに持っていかれ、一気に冷や汗が流れる。

一瞬のうちに、脳内を様々な悪い想像が駆け巡り、大げさな表現に感じるかもしれないが、その一瞬、確かに死を覚悟した。

まさか連れ去られる⁉
でもこんな人が多いところで……？
じゃあこのまま突き落とされる⁉
もしかしてさっきの電車の中でイヤホンの音漏れうるさかったとか⁉
知らない大人に怒られるの怖い‼

恐怖心を抑えつけ、勇気を出して振り返ると、

「おはよ～！」

と、爽やかな笑顔の同級生。

ホッと安心すると共に、そんな力強く引っ張らなくても良いのでは……とモヤモヤとした複雑な気持ちを抱えたまま、一緒に通学路を歩いた。

この事例はタックル女子というより、むしろヒッパル女子だが、会話の始まりがボディランゲージという点では似通っているのではないだろうか。

そしてどちらも共通しているのは、タックル後は満面の笑みであるというところ。

悪気が無いのだと思うと怒るにも怒れず、なんだか憎めない……。

だが、「私がそれを嫌がらない」と思われているのかと思うと、やっぱりなんか困る。

それでもタックルを許してしまうのはなぜなのか

ここまで読んでくれた人の中には、「イヤなら指摘すれば良いのでは?」と思った人もいることだろう。ところが、こういうケースの場合、「まぁ、別にわざわざ注意することでもないし……」と、なぜか穏便にやり過ごしてしまうのだ。その理由としては次の2つが考えられる。

①タックル女子にとってタックル行為は悪気がない（ように見える）
②特別仲が良いわけでも、悪いというわけでもない＝共通の知り合いが多い間柄

そのタックルが「一緒に話したい」「会話に混ざりたい」という無邪気な気持ちから来るものであるように見え、その気持ちを踏みにじってはいけないと感じることが一番の理由だろう。また、「一緒に話したい気持ち」がタックルに変換されていることにより、「やめてほしい」とタックルを指摘することで、（自分にそんなつもりがなくても）相手の「一緒に話したい」という思いを否定したと受け取られてしまう恐れもある。

言い方一つ、受け取られ方一つでその後の関係性にヒビが入りかねない繊細な問題になってくるのだ。

ましてや、親しい間柄ではないなら尚更言いにくい。

否定した場合、共通の知り合いにも波紋が広がる可能性があるからだ。

相手を傷つけたくないという思いや人間関係を乱したくないという保身が指摘できない大きな理由だと思う。

望まないサプライズ、指摘しないのも方便？

続いて、タックルを受けたこちら側のモヤつきについても改めて考えてみた。

例えば、おばけ屋敷のように驚かされることを前提としたものであれば受け入れられるのに対し、フラッシュモブのようなサプライズは、苦手な人にとっては最悪のシチュエーションにもなり得る。

そう、サプライズは博打なのである。

いくら無邪気な気持ちで計画したこととはいえ、自分の望んでいないサプライズをされたら複雑な気持ちになってしまうのも仕方がない。タックルだけでなく『驚かされること』に関して言えば、やはりそれを本人が望んでいるかどうかが大きく左右する。

しかし、悪気はない……悪気〝**は**〟ないのだ。

お互いにとってのタックルに対する価値観が異なっていたと思うしかない。

さすがに一緒に生活するなど、今後も長く深く関わっていく相手なのであれば、自分のためにも「タックルをやめてほしい」と伝える方が良いと思うが、仲が良くも悪くもない距離感であれば、相手を相手のまま受け入れる、withタックルの精神も必要だ。人間関係を円滑にするため、**「指摘しないのも方便」**となるのだろう。

それにしても、ここまで真剣に考え出すと、次、またタックル女子に出くわしたら、で、出た〜！　と逆に面白がれるような気がしている。案外、受け止めるこちら側にも**「いつでもどんと来い！」**という気概が必要なのかもしれない。

☆**「一緒に話したい」という純粋な想いは受け止める。**
☆**微妙な距離の関係性なら「指摘しないのも方便」と割り切る。**

1章 2章 3章 4章

フリーター歴10年！　転職回数15回！

しんどいレベル **27**

定職につかない自称飽き性のヤツ

スキル **飽き性シールド**

自分に対して踏み込んで欲しくないときに発動されるバリア。
「話しても理解されない」という憂いが滲んでいることがある。
年を重ねるごとに効果が弱まり、自らバリアを解除する日が来る。

command

- ▶ ソッと見守る
- ▶ お節介を焼く

attack

触れにくさ	3200
自己懐古ダメージ	1400

あの人続くと思ったのに、すぐ仕事やめちゃったね……と思った経験はあるだろうか？

挨拶が普通にでき、人当たりも悪くなく、なんでも平均的に仕事をこなし、入ってきたばかりの新人でありながらしっかりしていると大評判。

何不自由なく仕事に励んでいるように思えたあの人……。

ところが！

気づけば今月でスピード退職!!

なんでやめてしまうん……と引きとめる間も無く、立つ鳥跡を濁さずとでも言うように去っていく。結局あまり深く関わらずに退職してしまうため、そこまで強く印象に残っていなかったりもするタイプの人。

実はこれ、半分私の話でもある。

1章
2章
3章
4章

平成版フーテン*の寅さん

最近バイト先に私と同年代である20代後半のフリーター女子が新人として入ってきた。

「**初めまして！**」

と明るくハキハキ挨拶をし、教えられたことはすぐにメモをとる。

まともな挨拶はおろかバックレも多いゆるゆるな風潮のこの職場において、久しぶりに見る、至極真っ当な立ち振る舞いに感動を覚えた。

社会に出てから同い年や1~2歳前後の同年代と接することも少なくなり、かつフリーターという共通点も珍しかったため、私は嬉しくなってしまい、すぐに色んな話をした。

すると、彼女には私と似ている部分が多く見受けられた。

他にも掛け持ちのアルバイトをしていて、シフトに入る時間や曜日がほとんど同じであることや、これまでアルバイトを転々とし続けているという点などだ。

私も高校を卒業して3～4年ほどはめちゃくちゃにバイトを転々としていた。

その時々に気になった職業を選び、大体3ヶ月から半年以内には辞めて、次のバイト探しへ。今思うと長く働いてくれるだろうと思って採用してくれた、各バイト先の採用担当者の方には合わせる顔がない。

しかし当時は、**『大学へ進学した友達がキャンパスライフを楽しんでいる期間であれば、私も思うがままに生きていて良い』**といった持論を展開し、自分を納得させていた。しかし、実際は自分が何をしたいのか分からなかったというのが大半の理由だ。

フーテンの寅さんみたいだね

なんて言われて満更でもない顔をしていた当時の自分を思い出すと頭が痛くなる。

（＊）フーテンの寅さん……日本映画『男はつらいよ』のシリーズ3作目のタイトルであり、主人公である車寅次郎のこと。定職につかずぶらぶらしていることを指すが、私にこの言葉を投げかけた友達は渋すぎる。その真意はいまだに不明である。

さすらいのフリーター

さて、話を新人の同年代フリーター女子（以下：フー子）に戻そう。

仕事の合間に、掛け持ちのバイトは何をしているのかなどフリーター トークに花を咲かせていると、どうやらフー子は掛け持ちのバイトの方も最近始めたばかりだという。踏み込むことでもないので適当に「そうなんだ〜」と相槌を打つと彼女は飄々（ひょうひょう）と言った。

「私、飽き性なんで仕事が続かないんですよね」

その瞬間、私の中の侍がホラ貝を手に叫びだした。

プォオオ〜〜！　であえ！　であえ！

転職が多いフリーターの言い訳ランキング第1位（当社比）のやつじゃー!!

自称飽き性の曲者じゃーーーー!!


皆さんは、新人に「私、飽き性なんで」と言われたらどう思うだろうか。

このバイトも飽きたらすぐ辞めちゃうのかな？

それならここまで教えてきた業務内容も意味なくなっちゃうのかな？

私その仕事でこれから一緒になる相手だけど大丈夫!?

などと不安になる方もいるだろう。だが、「さすらいの侍」ならぬ「さすらいのフリーター」としてあてもない日々を過ごしたことのある私には分かってしまうのだ。

飽き性だと自称してしまう
その複雑な心理が。

飽き性であると自称してしまう理由

もちろん人によって理由は様々である。他人には言えない何らかの事情を隠すために〝飽き性である〟と言うこともあるだろう。

だが、元『さすらいのフリーター』である私からすれば、一番の理由は、

私の生き方に説教してこないで!!

という防御反応からだ。

定職につかずフリーターをやっていると、「**そんなんで大丈夫?**」「**君の履歴書じゃ社会でやっていけないよ**」などと言われることもある。だからこそ、これから新たに関係を築く相手には予め、

「私はそういう性分なので……」

と先手を打っておきたいのだ。

飽き性という一言で自らにレッテルを貼り、そういう性格だから仕方がないよね、と思われておきたい。

その方が、深く突っ込まれずに話が終わり、楽であるとこれまでの経験で学んだのだ。

そして実際に、飽きを感じてしまいやすい。自分がいつ飽きてしまうのかが分からない。自分で自分を信用できないほどに。だからこそ、相手に期待しないでほしい＆自分も自分に対して期待していない、という少し切ない心理が働いているように思う。

そもそも、「仕事に飽きるとはどういうことか?」とクエスチョンマークが出ている人もいると思う。さすらいのフリーターOGである私が教えよう!

それは**全てを知ったつもりになっている状態のこと**である。

特殊な技能を求められない平均的なアルバイトであれば1ヶ月程度で仕事内容の全体を

経験でき、3ヶ月も経てば、職場の人間関係も大体見えてくる。

この時点で『さすらいのフリーター』の私はもう飽きている。この仕事はこういう内容でこの人はこういう人だ、もうここの全てを知った、と錯覚しているのだ。

本来、人間関係というものは付き合いが長くなればなるほど味わいが出てくる。始めは苦手だと思ったあの人のお茶目な一面が見えたり、最初は印象が良かった人が実は結構ドライだったりもするのだ。それを知らずに最初のおいしい部分だけを食べ続けていたら飽きるのは至極全うなことだ。

さすらいのフリーターの限界

「自分飽き性なんで〜」のたった一言からそんなことを考えながらも、フー子との会話は続いた。「お弁当屋さんで働いていたときは、こういう仕組みになっていて調理はああすれば良いだけで面白かった」「あそこの雑貨屋さんは実はブラックでシフトもめちゃくちゃに入れられていた」など、大変そうなエピソードも、心なしか楽しそうに語ってくれる。

どうやら、働くこと自体は好きなのだろうと思う。

むしろ色んなバイト先を経験するのが趣味という領域なのかもしれない。

うんうん、私もそういう時期があったあった。でもね、長く働く良さってのも……と、心の中でマウントをとる準備体操をし始めたとき、突然、憂いを感じさせる表情でフー子は言った。

「でも、もうそろそろ新しいこと覚えるのがしんどくなってきたんですよね」

え〜分かるぅ〜！

と思わずハイタッチしたくなるほどの共感。

まさに20代の後半に差し掛かってから、「新しいこと（新しい職場・新しい人間関係）を始める気力」が無限ではないことを痛感している。

これまでは職種への飽きを理由に転職を繰り返していたのが、ついに**自分が新人である****こと**にさえ飽きを感じ始めたのだ。

いや、もしかすると単なる「飽き」という一言では片づけられないのかもしれない。自分より年下の上司に新人として扱われることが恥ずかしい（気まずい）と感じていたり、いつまでもフラフラしていて良いのだろうかという焦燥感に悩まされたりなど、年齢によるプレッシャーが感じ方へも変化をもたらしているのではないだろうか。

結局のところ、かつての私がそうであったように、

“本当はどう在りたいか”

を考えるタイミングが訪れたときにしか自分を変えることはできない。そのタイミングが訪れずこれからも「飽き性」でいるのか、訪れたときに向き合うことができるのか、それによって「さすらいのフリーター」の進化先が決まるのだ。

「さすらいのフリーター」から「さすらいのフリーランス」へ変化した私は、こうして同

族へ勝手に思いをめぐらせ、生温かい目を向けることに喜びを感じているので、しばらく飽きそうにない。

彼女はいつまでいてくれるだろうか。

どちらが先に飽きるかの勝負が今、始まる……。

攻略のヒケツ

☆飽き性宣言は「私の生き方に説教しないでほしい」という防御反応。

☆限界を感じてきたのであれば、本当はどう在りたいか考えるとき。

おわりに

今回、初めての書籍ができあがるまでの執筆期間を通して、「あっ本当に人生のツケが回ってきているな」と感じました（笑）。

これまでの人生・生活の中で感じた些細なことから心底ショックだったことを、当時はどう感じたのか、そして今振り返ってどう思い、これからはどう受け止めていくのか、と考えなければ書き進めることができなかったからです。

なんでも真面目に受け取っちゃうヤツが、ここでも出ちゃいました。

この本は「人間関係がしんどい」をテーマに、私が出会った様々な人について考えてみるというのがコンセプトなのですが、実際のところは、その人に対して「自分はどう感じているか」というところが最も肝心だった気がします。

なんだかんだ言って、一番しんどいのは自分なのかもしれません。

しかし、「しんどい」というのは、とことん突き詰めてみたり、離れて観察してみたりして、一通り味わい尽くすと案外「面白い」ものなのです。そこまでの境地に達するには、単純に時間が必要だったり、色んな経験をした上で「ああ、あのときのアレはこうだったんだな」と自分なりの落としどころを見つける必要があるのだと思います。

「いつか笑える日が来るよ」というのがしんどいときの励ましになるかどうかは、そのときの自分のコンディションにもよりますが、それを心の片隅に置いておくことで、私自身は、なんとかやってこれたのかもしれません。

そんな過程を経た私が、皆さんにこの本を通して一番伝えたいことは、あなた自身の「しんどい話」を、もし気が向いたら人に話してみてほしいということです。

人に話すことで、前までしんどくて苦手だったあの人が、だんだんそういうキャラクターのように感じることができるのではないかと思います。

実体験として、私の育った家庭は、日常的に「人の話」であふれていました。お父さんの高校時代の友人が、料理人なのに「俺は電子レンジの達人だ!」と言っている話。お母さんのパート先では、しゃがれ声のカッコいい姉御肌な先輩がカラオケで録音した自分の声を聴かせてくる話。兄の職場の人の知り合いが30万……おっとこれはブラックすぎるのでやめておきます。そんな話が生活の中で連続ドラマのように毎日出てくるものだから、私は一度も会ったことのない家族の知り合いを「チン（電子レンジ）の達人」と呼ぶなど、まるで昔からの知り合いだったかのように親近感を覚えるようになっていきました。

そんなことをしているのは私の家庭だけではないと気がついたのは高校生の頃。初めて会った友達の妹に「あ〜噂の！　湘南乃風の‼」と言われたときです。頭にバンダナを巻いていたわけではありません。これは当時、私がカラオケで湘南乃風の純恋歌を勢いで声マネするというノリがあったからなのです。どうやら友達は家族に私の話をしてくれていたらしく、戸惑いながらも注目を浴びるのは嫌いじゃなかった私は嬉しかったのを覚えています。

「話題のあの人」を話す場所があるというのはとても幸せなことだと改めて思います。普通、というか世間的に「人の話をしている」というのはあまり他所では言っていけないことのような空気があるものです。もちろん、私も他所でやたらめったら話すことではないと思っています。こんな本を書いておきながら（笑）。

だから読んでしまった皆さんは、共犯ですよ、ココだけの話にしましょうね？

改めて、今回の出版にあたり、一緒に作り上げてくださった編集の金城さん、関係者各位の皆さま、陰で支え続けてくれていた家族、友人、そしていつも「ゆとりは笑ってバズりたい」を応援してくれているゆっ友の皆さん、こうして手に取ってくださったあなたに、心より感謝を申し上げます。

またお会いしましょう！

２０２３年３月　ゆとりフリーター

Staff

イラスト／ゆとりフリーター

装丁・デザイン／木村由香利（986DESIGN）
DTP／坂巻 治子
校正／麦秋新社
編集／金城琉南（ワニブックス）

平成初期生まれは人間関係が

2023年4月10日 初版発行

著　者　ゆとりフリーター

発行者　横内正昭
編集人　青柳有紀
発行所　株式会社ワニブックス
〒150-8482
東京都渋谷区恵比寿4-4-9 えびす大黒ビル
ワニブックスHP　http://www.wani.co.jp/
※お問い合わせはメールにて受け付けております。
HPより「お問い合わせ」へお進みください。
（内容によりましてはお答えできない場合がございます。）

印刷所　株式会社美松堂
製本所　ナショナル製本

本書は小社WEBマガジン「WANI BOOKOUT」で2021年05月～2022年11月まで連載した『ゆとりフリーターの「ぬるい哲学」みんな違って、みんな草』をもとに、大幅に加筆・修正したものです。

ISBN 978-4-8470-7291-8